I0067929

LOIS

ET

INSTRUCTIONS MINISTÉRIELLES,

SUR

LES MANUFACTURES, LES ATELIERS, LES OUVRIERS
ET LA PROPRIÉTÉ DES AUTEURS DE DÉCOUVERTES
DANS LES ARTS; (BREVETS D'INVENTION.)

LE TOUT PRÉCÉDÉ

D'un mémoire sur les moyens qui ont amené le grand essor
pris par l'industrie française depuis 1793, jusqu'en 1815.

LOIS

ET

INSTRUCTIONS MINISTÉRIELLES,

SUR

LES MANUFACTURES, LES ATELIERS, LES OUVRIERS
ET LA PROPRIÉTÉ DES AUTEURS DE DÉCOUVERTES
DANS LES ARTS; (BREVETS D'INVENTION.)

LE TOUT PRÉCÉDÉ

D'un mémoire sur les moyens qui ont amené le grand essor
pris par l'industrie française depuis 1793, jusqu'en 1815.

A PARIS,

CHEZ FIRMIN DIDOT, LIBRAIRE,
IMPRIMEUR DU ROI, ET DE L'INSTITUT,
RUE JACOB, N° 24.

1819.

AVANT-PROPOS.

L<small>E</small> Mémoire que j'offre au public avait été
ébauché en 1814. Ayant été terminé le 5 mars
1815, je lui laisse cette date, quoique depuis
j'en aie retouché la rédaction. Si je ne l'ai pas
livré plutôt à l'impression, c'est qu'il a été nécessaire de faire de nombreuses vérifications, pour
ne pas avancer des faits dont l'exactitude pût
être contestée. Tout ce que j'ai dit sur la législation qui, en 1789, régissait les manufactures et les ateliers, a été puisé dans l'immense
collection qui renferme les réglements de fabrication et les ordonnances rendues autrefois, au
sujet de l'industrie. Les lois qui ont remplacé
cette législation se trouvent dans le Bulletin
des lois. Les instructions ministérielles dont elles
ont pu être l'objet ont été insérées dans le
Moniteur, de manière que les unes et les autres
ont déja reçu une grande publicité. Néanmoins,
il m'a paru qu'il serait utile de les imprimer de
nouveau à la suite du Mémoire. Les manufac-

turiers auront ainsi la collection de presque
tous les actes de la législation et de l'administration qui les concernent. Elle prouvera à ceux
d'entre eux qui l'ignorent, que, sans gêner
l'exercice du travail, il a été établi les mesures
nécessaires pour maintenir l'ordre et la police
dans les fabriques et les ateliers.

Jusqu'ici, le Gouvernement a vu avec plaisir
la confection des ouvrages sur les matières
d'industrie, de commerce, et de manufactures,
et je n'ai pas connaissance qu'il ait refusé aux
auteurs qui en ont formé la demande, la communication des documents qui sont à sa disposition. Dans la marche qu'il suit à cet égard, il
est déterminé par deux considérations d'un
grand intérêt. D'abord, ces ouvrages peuvent
procurer des lumières utiles; ensuite ils font
connaître l'état florissant des fabriques, et sug-
gèrent ainsi aux étrangers l'idée de leur adresser
des commandes, en signalant la France comme
un pays où ils peuvent se procurer, au plus bas
prix possible, les marchandises dont ils ont besoin. Le Moniteur a été, il y a quelques années,
rempli de notices sur les différentes branches

de l'industrie nationale, et l'on y trouve divers renseignements dont j'ai profité dans la rédaction du Mémoire. Le Bulletin de la Société d'encouragement m'a été aussi utile, de sorte qu'excepté les faits que je dois à l'administration et à mes relations avec les artistes et les manufacturiers, la plupart des autres se trouvent déja imprimés. Comme ils sont épars dans les vastes collections du Moniteur et du Bulletin de la Société d'encouragement, et dans d'autres ouvrages, il devenait difficile d'avoir une opinion fixe sur leur ensemble. Mon Mémoire, en réunissant ces faits et ceux qui sont à ma connaissance particulière, sera peut-être jugé par le public mériter quelque intérêt.

MÉMOIRE

*Sur les moyens qui ont amené le grand déve-
loppement que l'industrie française a pris
depuis vingt ans ; suivi de la législation
relative aux fabriques, aux ateliers, et
aux découvertes dans les arts.*

Il serait superflu d'entrer dans des détails
pour prouver les avantages qu'une industrie
variée et étendue procure à une nation : personne n'ignore qu'elle est pour le peuple qui
la possède une source intarissable de richesses.
S'il existait des doutes à cet égard, ils seraient
probablement levés par un fait consigné dans
plusieurs ouvrages sur des matières de commerce. Suivant ces ouvrages, une livre de fer
qui, dans un état brut, se vend à un prix très-
vil, peut, étant convertie d'abord en acier, puis
en ressorts de montres, acquérir une valeur de
plus de huit cent mille francs. Les calculs faits
à ce sujet ont dû frapper les gouvernements
les moins éclairés de l'Europe, et tous cher-
chent aujourd'hui à naturaliser chez eux les
différentes branches de l'industrie. Depuis vingt

ans celui de France s'est occupé, avec un soin particulier, de nous enrichir des fabrications qui nous manquaient, et de perfectionner celles dont nous étions en possession. Ses vues à cet égard ont été couronnées d'un succès tel, que les étrangers ne peuvent concevoir comment, dans un temps aussi court, il a été possible que notre industrie ait pris autant d'accrois-sement. Nourris dans l'idée que les convul-sions politiques et les guerres s'étaient opposées à toute espèce d'amélioration, il leur paraissait impossible que la France ne fût pas, sous le rapport des arts, restée en arrière des peuples avec lesquels elle était autrefois en rivalité. Ceux de leurs voyageurs qui, depuis le traité de Paris, ont parcouru nos provinces, les ont bientôt fait revenir de cette opinion ; et leurs feuilles périodiques ont parlé souvent de l'état florissant de nos manufactures, de la beauté, de la qualité et du prix peu élevé des objets qu'elles établissent. Les journaux anglais ont, notamment, cherché, à différentes reprises, les causes d'une prospérité qui étonne leur nation. Il m'a paru qu'on ne lirait pas sans intérêt, quelques détails à ce sujet. Ayant été, pendant plus de vingt ans, l'un des principaux instru-ments des améliorations, je crois devoir en donner de positifs, ne fût-ce que pour recti-fier les idées des personnes qui ont l'opinion que ces améliorations sont le résultat de circonstances fortuites et imprévues.

On les doit à un plan combiné par les hommes que le gouvernement avait chargés du soin de faire fleurir l'industrie, et qui, pour réussir dans leurs vues, s'étaient proposé plusieurs buts d'une extrême importance ; entre autres, d'examiner si la législation qui régissait les fabriques et les ateliers était convenable, et s'il ne serait pas utile de la remplacer par une autre plus en rapport avec la situation des arts ; de trouver un moyen d'exciter l'émulation des artistes, en la dirigeant de manière à nous procurer de nouvelles découvertes dans les arts mécaniques, agricoles, chimiques, et économiques ; et enfin de fixer un système d'améliorations, à l'exécution duquel on tiendrait d'une manière invariable. Ce plan a été suivi dans toutes ses parties, et l'on verra bientôt qu'il devait procurer les succès qu'on a obtenus.

Inconvéniens que présentait la législation qui régissait autrefois les manufactures et les ateliers.

Lorsqu'on examine avec attention le système de législation qui, avant 1789, régissait les manufactures et les ateliers, on est étonné que la

France ait pu avoir, à cette époque, une industrie de quelque importance. Il était combiné
de manière qu'il était difficile qu'il y eût des
améliorations. Il avait placé les manufacturiers
ingénieux dans une situation qui les obligeait
à lutter sans cesse contre une foule d'obstacles
provenant des institutions qu'il avait créées.
Pour être admis à l'exercice de certaines professions industrielles, il fallait faire un apprentissage de plusieurs années, lors même que
l'entière connaissance de ces professions n'en
aurait exigé qu'un de quelques mois. Ce n'est
pas tout; on devait avoir été *compagnon*, c'est-
à-dire, avoir, depuis l'apprentissage, travaillé,
pendant un temps déterminé, comme *ouvrier
formé*. Les enfants des maîtres jouissaient, dans
les deux cas, d'une faveur : leur *apprentissage*
et leur *compagnonage* étaient moins longs que
ceux des autres ouvriers. Un privilége semblable avait excité plusieurs fois des réclamations; mais, comme il était consacré par l'usage,
elles n'avaient point été accueillies. La preuve
de l'*apprentissage* et du *compagnonage* étant
faite, le récipiendaire payait une somme désignée en général sous le nom de *droits de maîtrise*, et au moyen de laquelle il était reçu dans
la corporation. Il ne faut point croire que, ce
paiement effectué, il eût la liberté d'exploiter
toutes les branches d'industrie; la législation

avait mis des bornes à ce sujet : toutes les fois qu'une fabrication, en se compliquant, exigeait l'emploi de différents arts, il devait se faire aggréger à toutes les corporations auxquelles ces arts correspondaient, et, par suite, payer de nouveaux droits ; ce qui le constituait dans des dépenses qui, eu égard à sa fortune, étaient très-considérables, et que souvent il ne pouvait acquitter. Quand il avait rempli ces préliminaires, il lui était permis de travailler pour son compte, en se conformant toutefois à des réglements qui lui traçaient la manière de fabriquer, et dont des inspecteurs, placés dans les différentes généralités du royaume, surveillaient l'exécution, sous l'autorité d'une administration spéciale, nommée *Intendance du commerce et des manufactures.*

Voilà en substance quelles étaient les institutions établies par la législation : on voit qu'elles apportaient beaucoup d'entraves à l'exercice des facultés ; que les corporations et les réglements de fabrications, sur-tout, s'opposaient au développement de l'industrie : les corporations ; en ce que leurs chefs étant revêtus d'une assez grande autorité, il arrivait presque toujours qu'ils en abusaient pour susciter des tracasseries aux auteurs de moyens nouveaux de fabrication, ou de procédés plus économiques et plus parfaits que ceux qui étaient en usage ; et

le principe de ces tracasseries était l'intérêt.
Une découverte importante les plaçait en effet
dans une situation désavantageuse, puisqu'elle
leur ôtait le moyen de soutenir la concurrence
de l'inventeur. Aussi leurs persécutions contre
des hommes ingénieux ont-elles été, dans quelques circonstances, telles que plusieurs ont
préféré de s'expatrier plutôt que de rester dans
un pays où ils ne pouvaient exploiter librement leur industrie. De ce nombre, est l'inventeur de l'art d'emboutir et de vernir la tôle,
trouvé en 1761. Pour exercer cet art, il était
nécessaire d'employer des ouvriers et des outils
appartenants à différentes professions, et de
payer des droits considérables de maîtrise ;
l'inventeur n'étant pas riche, il lui fut impossible d'acquitter ces droits, et par suite de tirer
parti de sa découverte. Nous n'avons recouvré
son industrie qu'à l'époque de la révolution ;
et nous la devons à M. Deharme, qui l'a beaucoup perfectionnée. M. Lenoir, l'un des artistes les plus habiles de Paris, a eu aussi à supporter des tracasseries de la part de quelques
chefs de corporations : il avait besoin d'un petit
fourneau pour préparer les parties de métaux
qu'exigent les instruments de physique et de
mathématiques qu'il fabrique ; les syndics de la
communauté des fondeurs l'obligèrent à le détruire, sur le motif que, n'étant point membre

de la corporation, il n'avait pas le droit de le construire. Un atelier de ce genre étant indispensable à son travail, il essaya de le rétablir à deux autres reprises, et il fut encore obligé de le démolir. Alors, il s'adressa au Roi qui voulut bien, par une disposition spéciale, l'autoriser, lui et sept autres particuliers, à déroger aux règles sous l'empire desquelles étaient les communautés d'arts et métiers. Cette mesure a conservé sa fabrique, qui vend maintenant à la France et à l'étranger, des instruments que nous tirions auparavant de l'Angleterre. M. Lenoir est encore vivant; et si des personnes révoquaient en doute la vérité de cette anecdote, elles peuvent s'adresser à lui pour en obtenir la confirmation.

Je pourrais prouver par d'autres exemples que des vexations commises par des chefs de corporations, et les sommes qu'il fallait payer pour y être admis, nuisaient aux progrès de l'industrie; mais ce qui en arrêtait principalement l'essor, c'étaient les réglements de fabrication. La plupart de ces réglements avaient été faits sous le ministère de Colbert. Alors ils étaient véritablement utiles, en ce que l'industrie française se trouvant dans l'enfance, elle avait besoin d'être guidée. Quoiqu'ils soient rédigés sous la forme d'ordonnances, et que souvent ils établissent des dispositions pénales, ils

ne sont néanmoins, à certains égards, que des
instructions sur la manière de fabriquer : l'administration actuelle publie aussi des instructions, mais qui diffèrent des réglements, en ce
qu'elles ne sont point obligatoires, et qu'elles
ont uniquement pour but de faire connaître
les procédés à employer pour l'exploitation de
l'industrie qu'elle se propose de créer. Tant
que l'art restait stationnaire, il n'y avait aucun
inconvénient à se conformer aux réglements :
il y en avait beaucoup, s'il faisait des progrès.
La découverte de nouveaux moyens de fabrication pouvait amener une économie de main-
d'œuvre telle, qu'il fallait les adopter, ou se
trouver hors d'état de soutenir la concurrence de l'étranger. Nos manufacturiers recon-
naissaient vainement l'utilité d'employer ces
moyens. Le réglement existait, et il fallait que,
jusqu'à ce qu'il eût subi des modifications, il
continuât à leur servir de loi. Que résultait-il
de cet état de choses ? l'étranger, en profitant
à l'instant même de la découverte, fabriquait
à plus bas prix qu'eux ; et, comme c'est le bon
marché qui fait accorder la préférence, il leur
enlevait leurs débouchés à l'extérieur et même
dans l'intérieur de la France.

Les réglements avaient été multipliés au point
que vingt volumes in-8° ne peuvent les contenir. Les mesures qu'ils prescrivent étant lo-

cales, et parfois incohérentes et contradictoires,
il était facile à la malveillance d'y trouver des
moyens de tourmenter l'homme industrieux
qui voulait s'affranchir de la routine. Une législation, faite d'après d'aussi mauvaises combinaisons, ne pouvait subsister sans de graves
inconvénients. Long-temps avant la révolution,
ces inconvénients avaient été signalés par des
écrivains distingués ; il paraîtrait même qu'ils
n'avaient pas échappé à Colbert : car, dans une
instruction particulière donnée aux inspecteurs
de manufactures, il les autorise, s'ils le jugent
utile, à ne pas tenir la main à l'entière exécution de toutes les dispositions des réglements.

Quelques-uns des successeurs de ce grand
ministre ont tenté de substituer aux réglements
des lois mieux appropriées aux besoins de l'industrie. D'autres ont pensé que l'adoption d'un
parti moyen serait utile, en permettant, dans
quelques cas, et sous de certaines conditions,
de fabriquer de la manière que le manufacturier jugerait convenable. Ce parti fut pris par
le ministère qui fit abroger le fameux édit
qu'avait provoqué M. de Turgot, édit par lequel
avaient été supprimés les corporations, les
jurandes, les maîtrises, les réglements de fabrication, les inspecteurs de manufactures, etc.
Il n'y eut en conséquence d'autre entrave à la
liberté de fabriquer que l'obligation de mettre

des lisières particulières à des tissus dont l'espèce était désignée. Ces tissus ne pouvaient non plus recevoir l'estampille du gouvernement, uniquement réservée pour ceux qui seraient fabriqués d'après les réglements. J'ai pris des renseignements, à l'effet de savoir si ces deux conditions avaient détourné les fabricants de draps d'user de la liberté qu'ils avaient obtenue, et ces renseignements m'ont appris que presque tous avaient préféré le libre exercice de leur industrie à l'avantage que pouvait leur présenter l'apposition de l'estampille.

L'administration nouvelle ne s'est écartée que dans deux circonstances du principe de ne point assujettir la fabrication à des règles particulières, et ce fut sur la demande des Chambres du Commerce de Marseille, de Carcassonne, de Montpellier, et de quelques autres villes du midi. La Chambre de Marseille prétendait que si la fabrication du savon, dans cette ville, était moins florissante qu'autrefois, on devait l'attribuer à ce qu'on ne se conformait plus aux dispositions qui avaient tracé la manière de l'exécuter, et que, du défaut de la non-observation des réglements, il était résulté des abus qui avaient amené la ruine de notre commerce avec l'étranger, en marchandises de cette nature. Les chimistes qui furent consultés étaient bien éloignés

de convenir de l'exactitude du fait annoncé par
la Chambre ; suivant eux, la diminution du
commerce de Marseille, en savon, ne provenait
point de ce que la fabrication était devenue
libre; elle était due à l'établissement de fabriques rivales, non-seulement en France, mais
encore à l'étranger, et aux perfectionnements
apportés à cette branche d'industrie, perfectionnements tels, qu'au moyen de procédés nouvellement découverts, on fabrique aujourd'hui, avec
la graisse la plus commune et les huiles de
toutes les espèces, un savon de bonne qualité;
ce qui n'aurait point lieu si l'on se conformait
aux anciens réglements, puisqu'ils ordonnent
l'emploi de l'huile d'olive ou du suif. Quoi qu'il
en soit de cette opinion, il a été rendu plusieurs
décrets qui, sans gêner positivement la fabrication, établissent néanmoins des dispositions
particulières à ce sujet.

Avant la révolution, Carcassonne et quelques
autres villes du midi faisaient un commerce
considérable de draps dans le Levant ; la guerre
l'ayant interrompu, elles s'adressèrent à l'administration, pour la prier de s'occuper des moyens
propres à le faire renaître. Parmi ceux qu'elles
indiquèrent, comme devant procurer ce résultat, se trouvait la proposition de remettre en
vigueur les réglements d'après lesquels on fabriquait autrefois les draps envoyés dans le Le-

vant. Si l'adoption de cette proposition pouvait, ainsi qu'elles en donnaient l'assurance, relever leurs fabriques, on devait craindre, d'un autre côté, qu'elle n'eût des inconvénients pour celles d'autres communes, notamment de Verviers et d'Aix-la-Chapelle, qui appartenaient alors à la France. Le besoin d'acquérir des lumières à ce sujet détermina l'administration à écrire aux Chambres consultatives de manufactures de ces villes. Leur réponse apprit que le commerce de draps avec le Levant n'était point perdu, mais qu'il était déplacé, c'est-à-dire, qu'au lieu d'être fait, comme avant la révolution, par Carcassonne et quelques autres cités du midi, il l'était maintenant par les fabricants de la Belgique et de la rive gauche du Rhin. Le préfet du département de la Roër, par l'intermédiaire duquel était parvenue la lettre de la Chambre d'Aix-la-Chapelle, ajoutait que les manufacturiers verraient avec peine l'établissement de réglements de fabrication; qu'il tenait de plusieurs d'entre eux que ces réglements anéantiraient leur commerce; qu'il n'était point exact de dire que les Orientaux voulaient constamment des tissus fabriqués dans les mêmes couleurs et les mêmes dimensions, et que chez eux comme ailleurs, la mode exerçait une influence, à la vérité peu remarquable, mais qui n'était pas moins réelle.

Ces observations jetèrent l'administration dans un assez grand embarras : avant de les avoir reçues, elle avait cédé aux sollicitations répétées des Chambres de commerce et de manufactures du midi, en provoquant le décret du 21 septembre 1807, qui ordonne le rétablissement de l'ancienne manière de fabriquer. Pour ne pas contrarier les villes de Verviers, d'Eupen, de Montjoye et d'Aix-la-Chapelle, qui regardaient ce décret comme renfermant des mesures préjudiciables à leur commerce, elle en provoqua, le 9 décembre 1810, un autre, qui le modifie dans des points essentiels, puisqu'il ne gêne la fabrication que pour les draps qu'on veut faire revêtir de l'estampille nationale, et que, dans tout autre cas, il laisse aux manufacturiers la liberté de faire ce qu'ils jugent convenable à leurs intérêts. Le gouvernement a donc été forcé de rentrer dans le principe du libre exercice de l'industrie, quoiqu'on lui eût présenté la mesure contraire comme absolument nécessaire.

Je n'ai pas connaissance que des villes du midi se soient assujetties aux dispositions établies par le décret du 21 septembre; ce moyen ne leur ferait point recouvrer le commerce qu'elles ont perdu. C'est par le bas prix des marchandises qu'on obtient la préférence dans les marchés du Levant comme dans ceux de l'Europe.

Rien n'empêche aujourd'hui nos fabricants de rivaliser avec ceux de Verviers, d'Aix-la-Chapelle, d'Eupen, et de Montjoye. Ils emploient les machines et les procédés qui, pendant quelque temps, ont donné à ceux-ci l'avantage sur nous. La paix a rendu les mers libres. Toutes ces circonstances doivent leur faire recouvrer leurs anciens débouchés.

Principes qui ont dirigé dans la rédaction des lois, décrets et ordonnances qui régissent aujourd'hui les fabriques et les ateliers.

Dès le commencement de la révolution, il y eut dans les manufactures et les ateliers une sorte d'anarchie qui dura plusieurs années, et donna naissance à des plaintes multipliées. Les personnes, victimes de cette anarchie, durent regretter les corporations d'arts et métiers, ne croyant pas à la possibilité d'obtenir autrement un bon système de police. Elles ne voyaient pas que le défaut momentané d'ordre était le résultat inévitable des circonstances dans lesquelles on était placé. Pour qu'une nouvelle législation fût bonne, il fallait détruire tous les éléments de l'ancienne, et, sous ce rapport, l'administration actuelle s'est trouvée dans une situation bien plus heureuse que celle qui existait en 1789. Délivrée, par les lois rendues pendant la révolution, des institutions qui s'opposaient au développement des facultés industrielles, elle a été maîtresse de régler sa marche, de manière à ne créer que celles qui pouvaient contribuer à la prospérité des manufactures; et c'est ce qu'elle a fait avec un succès qui a surpassé ses espérances.

Ce fut dans le courant de 1799, que l'on prit la résolution définitive de refaire entièrement la législation. Après de longues discussions, qui eurent lieu dans un comité nommé par le ministre de l'intérieur, il fut arrêté qu'elle serait rédigée sur *des principes d'uniformité*, qui conviennent à presque toutes les fabriques. Ce comité nomma ensuite un rapporteur qui présenta un projet en 84 articles (A), lequel fut communiqué aux chambres de commerce du royaume. Leurs observations furent prises dans une considération particulière, et elles ont fait apporter au travail plusieurs modifications. Le conseil-d'état ne le présenta point au corps-législatif tel qu'il avait été rédigé. Il lui parut convenable de n'en prendre que les dispositions principales, et de faire arrêter les autres dispositions par le gouvernement. Ce plan a été exécuté dans toutes ses parties, et on lui doit la loi du 22 germinal de

---

(A) Voir la note à la fin du Mémoire.

l'an XI. Cette loi prescrit d'une manière générale des mesures sur les apprentissages, sur
les marques que les fabricants sont autorisés à
mettre sur leurs ouvrages, et sur d'autres objets
tous relatifs aux ateliers et aux ouvriers. Elle
crée en même-temps une institution qui n'existait pas autrefois, celle des chambres particulières de manufactures, d'arts et de métiers. En
1789, il n'y avait que des chambres de commerce. Les fabricants et les commerçants ayant,
dans un grand nombre de cas, des intérêts
opposés, il convenait que l'administration eût
un moyen d'entendre les uns et les autres, lorsqu'elle est appelée à statuer sur leurs affaires.
Ce but se trouve atteint par la création de chambres séparées. Celles de manufactures, d'arts
et de métiers sont principalement destinées
à faire connaître les besoins de l'industrie des
différentes localités du royaume, et les moyens
d'ajouter à sa prospérité. L'arrêté du gouvernement du 10 thermidor de l'an XI a déterminé
leur composition, le mode de nomination des
membres appelés à en faire partie, et la nature
de leurs relations avec les autorités.

Un autre arrêté du gouvernement, d'une bien
plus grande importance, est celui du 9 frimaire
de l'an XII. Il est divisé en trois titres ; crée le
livret dont sont tenus d'être munis les ouvriers
travaillant en qualité de *garçons ou de com-*

pagnons, et règle les rapports qu'ils sont dans le cas d'avoir avec ceux qui les occupent. S'il existe aujourd'hui un bon système de police dans les manufactures, c'est en grande partie à la sagesse de ses dispositions qu'on le doit. Les ouvriers ne pouvant voyager, ni être admis à travailler dans les ateliers sans être munis d'un livret, les maîtres ont une sorte de certitude de l'honnêteté des individus qu'ils veulent occuper. Il leur est aisé, en effet, en consultant dans le livret de ces individus les notes dont ils ont été l'objet, de connaître s'ils se sont conduits avec probité, et s'ils ont rempli leurs engagements avec les manufacturiers chez lesquels ils ont précédemment travaillé. Le livret empêche aussi qu'on n'embauche leurs ouvriers. Cette manœuvre, qui privait quelquefois les entrepreneurs de leur travail au moment où ils en avaient le plus besoin, était l'une de celles qui avaient fait naître le plus de plaintes; et quand l'arrêté du 9 frimaire n'aurait produit d'autre avantage que d'y avoir mis un terme, il serait un grand bienfait pour les manufactures.

Il ne suffisait pas d'avoir réglé les rapports entre les maîtres et les ouvriers, il convenait encore de déterminer l'autorité qui jugerait les contestations qui s'élèveraient entre eux. La loi du 22 germinal de l'an XI avait bien indiqué les

commissaires généraux de police dans les villes
où il y en a d'établis, et les maires ou leurs
adjoints, dans celles où il n'y en a point; mais
la jurisdiction des uns et des autres étant bornée aux affaires de simple police, il importait
de trouver un moyen qui, dans les autres cas,
dispensât de recourir aux tribunaux ordinaires
dont les formes sont lentes, et constituent dans
des dépenses considérables. La loi du 18 mars
1806 présenta ce moyen, dont on s'empressa de
profiter. Elle avait autorisé la création, à Lyon,
d'un conseil de prud'hommes, pour statuer sur
les affaires de la fabrique d'étoffes de soie de
cette ville. Il parut qu'en accordant des établissements semblables aux autres villes manufacturières, on ferait une chose qui leur serait
utile. Ces établissements une fois formés, il
fallait éclairer leur marche dans les nouvelles
fonctions qui leur étaient confiées. La loi du
18 mars n'avait parlé que vaguement de leurs
attributions, et du mode de nomination des individus appelés à les composer. Elle n'avait non
plus déterminé ni la manière dont ils procéde-
raient, quand ils jugeraient les contestations, ni
plusieurs autres points d'une assez grande importance. Quelque urgent qu'il fût de remplir
ces lacunes, on attendit néanmoins quelque
temps, afin d'acquérir la certitude que les con-

seils étaient goûtés par les villes manufacturières, et qu'ils pouvaient procurer les avantages qu'on espérait. Les réponses aux informations prises furent toutes favorables. Alors je m'empressai de réunir les matériaux nécessaires pour faire un travail qui embrassât l'ensemble de l'institution ; et c'est ce travail qui a donné naissance au décret, en douze titres, du 11 juin 1809, qu'on peut, à certains égards, regarder comme étant le code des conseils de prud'hommes. En le rédigeant, je me proposai constamment de faire de ces conseils un moyen de conciliation entre les fabricants et les ouvriers, et de prévenir, par des dispositions sages, ce qui pourrait donner lieu à des vexations, et être un obstacle à la prompte expédition des affaires. Il me parut que si l'on permettait aux gens de loi d'y venir plaider pour les parties, le but serait manqué, et qu'au lieu des avantages qu'on s'était promis, il serait créé un état de choses peut-être plus fâcheux que celui qui existait auparavant. La décision des contestations aurait, en effet, éprouvé des retards, et des frais considérables auraient eu lieu. La défense faite, par le décret du 11 juin, aux gens de loi, de remplacer les parties, est donc une disposition toute dans l'intérêt des fabricants et des ouvriers. Ils sont obligés de paraître eux-mêmes, et, dans le cas

d'empêchement pour cause d'absence, ou de
maladie, de se faire représenter par leurs parents, ou par quelqu'un de leur profession,
porteur de leur procuration.

Les attributions que le décret du 11 juin
donne aux conseils de prud'hommes sont à-la-
fois administratives et judiciaires; et, dans le
plus grand. nombre de cas, leurs fonctions ont
de la ressemblance avec celles des juges de paix.
Aussi, quand ils statuent sur les contestations,
suivent-ils presque toujours, dans la manière
de procéder, la marche tracée par le Code de
Procédure, *au livre des Juges de paix.* D'après
la loi du 18 mars, leurs jugements ne pouvaient
être définitifs que jusqu'à la somme de soixante
francs. Depuis, on a reconnu l'utilité d'étendre
leurs pouvoirs; et aujourd'hui ils statuent en
dernier ressort jusqu'à celle de cent francs. Le
décret du 3 août 1810, qui leur a conféré cette
nouvelle attribution, les a en outre autorisés,
dans certains cas, à infliger des amendes, et
même à prononcer la condamnation à une prison de quelques jours.

Les conseils de prud'hommes ont répondu
aux espérances de l'administration. Composés,
dans une proportion à-peu-près égale, de marchands-fabricants, de chefs d'ateliers, ou d'ouvriers payant-patente, ils rendent, dans les villes

où ils sont établis, des services d'une grande
importance. Avant leur création, les manufacturiers se plaignaient souvent d'un défaut de
moyens pour réprimer, soit le vol des matières
confiées aux ouvriers, pour être mises en œuvre,
soit l'usurpation des dessins servant à la confection des tissus façonnés, dessins dont la loi du
18 mars garantit la propriété. La correspondance administrative a appris que les abus de
ce genre avaient beaucoup diminué, et que les
prud'hommes conciliaient presque toutes les
difficultés qui leur sont soumises. Un résultat
aussi satisfaisant n'est pas d'un faible intérêt. Il
est porté annuellement devant le conseil de
Rouen, seize à dix-sept cents contestations.
Excepté douze à quinze affaires sur lesquelles
les parties ne veulent pas transiger, les autres
sont terminées, à l'instant même et sans frais,
à la satisfaction des manufacturiers et des ouvriers.

Tels sont les principaux actes de la législation faite pour l'industrie en général : comme
l'administration n'avait pas de système absolu,
elle a quelquefois prescrit des dispositions particulières pour des fabrications isolées ; mais
alors, elle a toujours eu soin de veiller à ce que
ces dispositions ne fussent qu'un moyen d'assurer la bonne foi, et de maintenir l'ordre dans

les ateliers. Parmi les manufactures qui ont été l'objet de mesures spéciales, se trouvent celles de tissus d'or et d'argent. La crainte que l'acheteur ne fût trompé sur le titre de la matière, a déterminé l'administration à provoquer le décret du 20 Foréal de l'an XIII, qui a réglé ce point important avec beaucoup de sagesse. Des motifs à-peu-près semblables ont fait rendre celui du 14 décembre 1810, relatif aux armes à feu destinées au commerce. L'administration savait qu'il en avait été livré qui n'avaient pas la solidité convenable. Afin de prévenir les accidents qu'elles pouvaient causer, et empêcher les tromperies des vendeurs, il lui parut utile de prescrire des épreuves à la suite desquelles elles sont marquées d'un poinçon.

Il arrive souvent que des fabricants de quincaillerie et de coutellerie, empreignent leurs ouvrages d'une marque appartenante à l'un de leurs confrères. Le décret, en deux titres, du 5 septembre 1810, a réglé la manière dont sera reprimé ce délit, qui tend à décréditer des fabriques estimées, en faisant passer comme sortant de leurs ateliers, des ouvrages d'une confection défectueuse. Il a déterminé, en même temps, les formalités à remplir par les fabricants qui desirent de s'assurer la propriété de la marque qu'ils ont adoptée.

Les coalitions des ouvriers-papetiers ont souvent attiré l'attention de l'administration. En cessant simultanément de travailler, et en *interdisant* le travail dans les fabriques, ils font la loi aux maîtres, et les obligent souvent à hausser leurs salaires. C'est pour empêcher des manœuvres aussi répréhensibles qu'a été pris l'arrêté du directoire exécutif du 16 fructidor an IV, dont les dispositions sont extrêmement sévères. La section du Code Pénal (articles 413 et suivants) relative à la violation des lois sur les manufactures, les arts et le commerce, a pareillement établi des peines contre les auteurs et les fauteurs de coalitions, ainsi que contre ceux qui, dans les fabriques, se rendent coupables d'autres délits qu'elle spécifie.

La formation des manufactures qui répandent une odeur insalubre, ou incommode, n'était autrefois assujettie à l'accomplissement d'aucune formalité : il aurait été cependant convenable de ne la permettre qu'après avoir pris différentes précautions. Leur exploitation donne lieu souvent à des exhalaisons fort désagréables, et même quelquefois nuisibles à la santé. Des plaintes avaient été adressées sur le défaut d'une législation à ce sujet, et l'on ne peut nier qu'elles ne fussent fondées. Quelque difficile qu'il fût d'en faire une qui conciliât les intérêts res-

pectifs des fabricants et des propriétaires, j'es-
sayai, en 1810, de remplir la lacune qui se trouvait dans les dispositions anciennement arrêtées.
Le projet que j'avais rédigé a subi, dans la
discussion dont il a été l'objet au conseil d'état,
quelques modifications qui l'ont perfectionné.
Je ne balance pas à dire que ce travail est un
bienfait pour les propriétaires et les fabricants;

Pour les propriétaires, en ce qu'il leur donne
la certitude qu'un établissement insalubre ou
incommode ne préjudiciera point à leur propriété, en se formant dans leur voisinage sans
des précautions ;

Pour les entrepreneurs de fabriques de produits chimiques, en ce qu'ils ont maintenant
une garantie de n'être plus troublés dans l'exercice de leur industrie, une fois qu'ils auront
obtenu une permission de l'autorité publique.

On serait dans l'erreur, si l'on pensait que
la nouvelle législation est une chose indifférente
à la prospérité des fabriques dont il est ici
question. Aucune disposition fixe n'étant autrefois établie, elles n'avaient réellement qu'une
existence précaire. Si les propriétaires du voisinage avaient de l'influence sur l'administration, la haine ou la rivalité les portaient souvent à l'employer pour obtenir la clôture d'un
établissement exploité par un homme qu'ils

n'aimaient point. Cette mesure amenait la ruine de l'entrepreneur, et par suite celle de son industrie. La nouvelle législation, en réglant les droits de chacun, est donc véritablement utile aux uns et aux autres. Pour les éclairer sur la nature de ces droits, et tracer la marche des autorités locales, il a été rédigé une instruction qui a été imprimée dans le Moniteur et le bulletin de la Société d'Encouragement.

Il y aurait de graves inconvénients à laisser libre la formation des usines qui, telles que les *hauts-fourneaux*, *les verreries*, etc., consomment beaucoup de bois. D'anciennes ordonnances l'avaient subordonnée à l'accomplissement de plusieurs formalités. Les nouvelles dispositions prescrites ont ajouté à la sévérité de celles qui étaient autrefois en vigueur. On a senti qu'il convenait d'entourer de difficultés l'établissement des usines. Le bois devient de jour en jour plus rare, et il importe de ne pas nuire à l'approvisionnement des particuliers.

Des détails dans lesquels je viens d'entrer, il est facile de conclure que si, d'une part, la nouvelle législation a été combinée de manière à délivrer l'industrie de toutes les entraves qui pouvaient en arrêter le développement, de l'autre, on n'a pas négligé d'établir des mesures particulières quand l'intérêt public, ou celui

de certaines fabrications, les ont fait juger nécessaires. Dans la confection du travail que cette
législation a exigé, il n'a point été mis de préci-
pitation. On sentait qu'il était prudent d'agir
avec circonspection, et de ne rien faire qu'après
s'être environné de toutes les lumières qui pouvaient faire prendre un parti en connaissance
de cause. Si l'administration a quelquefois rejeté
des projets qui lui *étaient adressés par des
chambres de commerce et de manufactures,
elle a, d'un autre côté, fait souvent usage de
leurs vues. Elle n'a qu'à se féliciter d'avoir suivi
la marche qu'elle s'était tracée. Au moyen de la
nouvelle législation, il existe aujourd'hui un
excellent système de police dans les manufactures et les ateliers. Tous les cas sont à-peu-près
prévus; et, depuis quatre ans, il ne parvient
plus de plaintes sur le défaut de moyens pour
réprimer les abus dans les établissements in-
dustriels.

*Institutions qui ont procuré la découverte de
plusieurs inventions utiles, et qui ont fait perfectionner les produits des manufactures.*

Avant 1789, la propriété des auteurs de découvertes n'était garantie par aucune loi. Tout
le monde reconnaissait bien la justice de l'as-

surer, mais on n'était pas d'accord sur les mesures à prendre pour atteindre ce but : les uns
voulaient que l'on délivrât des priviléges dont la
durée ne fût point limitée; d'autres, que ces priviléges ne fussent que temporaires. Enfin, suivant une troisième opinion, il était préférable
de rendre, à l'instant même, les découvertes
d'un usage libre et commun, en accordant à
l'auteur une récompense proportionnée au service qu'il aurait rendu. L'assemblée constituante
fit cesser cette divergence de vues par les lois
des 7 janvier et 25 mai 1791, qui ont créé les
brevets d'invention, de perfectionnement, et
d'importation. Les titres de cette nature qui
sont accordés sur *simple requête, et sans examen
préalable*, sont délivrés conditionnellement,
c'est-à-dire, qu'ils ne garantissent la jouissance
exclusive des découvertes qu'autant qu'on est
réellement inventeur. S'il s'élève des contestations à cet égard, elles sont jugées, non par
l'administration, mais par les tribunaux, qui
ne prononcent ordinairement leur jugement
qu'après avoir entendu un rapport de commissaires nommés *ad hoc*. La durée des brevets ne
peut excéder quinze ans, et à leur expiration, il
est libre à chacun de faire usage des procédés.
Les arts ont retiré de grands avantages des lois
qui les ont établis. D'une part, l'intrigue ne peut

plus, comme avant 1791, surprendre des priviléges exclusifs pour des découvertes insigni-
fiantes, ou déja connues; et de l'autre, les inventeurs ont la certitude que pendant la durée
de leurs brevets, on n'usurpera point les moyens
dont ils se sont assuré la propriété. La société
a aussi obtenu, par la nouvelle législation, un
point fort important, c'est de conserver les procédés des artistes qui viendraient à mourir. Auparavant, ils en faisaient mystère, et il arrivait
souvent qu'ils décédaient sans les avoir communiqués; ce qui ne peut avoir lieu maintenant,
puisqu'on ne délivre les brevets qu'après qu'il
a été fourni à l'administration un modèle, ou un
dessin de l'objet de l'invention, accompagné
d'un mémoire descriptif.

L'exécution des lois des 7 janvier et 25 mai,
avait fait connaître qu'elles renfermaient des
lacunes. Toutes les dispositions en ont été mises
en harmonie, au moyen de plusieurs décrets et
de différentes décisions ministérielles. Pour
prévenir les erreurs sur la nature des brevets,
et faire connaître les droits qu'ils assurent à
ceux qui les obtiennent, il a été rédigé une instruction détaillée que l'administration a envoyée
aux préfets, et fait insérer dans le Moniteur et
le bulletin de la société d'encouragement.

En fournissant aux artistes le moyen de mettre

leurs découvertes sous la sauve-garde des lois,
le gouvernement avait fait une chose qui devait provoquer des inventions utiles aux manufactures, mais ce moyen ne suffisait pas pour
obtenir entièrement un résultat si désirable.
Des hommes de génie trouvent seuls des machines et des procédés qui donnent la possibilité
de fabriquer mieux, et à plus bas prix, que
par les méthodes ordinaires. Il importait d'exciter leur émulation; et ce fut pour y parvenir
que plusieurs amis des arts formèrent la société
d'encouragement pour l'industrie nationale (n).
Cette société, composée des personnes les plus
distinguées de la France, a rendu des services
qu'on ne saurait trop apprécier. Elle ouvre,
tous les ans, des concours sur des objets d'art,
et celui qui résout les problèmes qu'elle a pro-
posés, reçoit des prix dont le montant est plus
ou moins considérable, suivant la difficulté
présumée des découvertes à faire. Ces concours
ont été pour nos fabriques la source d'une
foule d'améliorations. Quelques-unes leur doivent des machines nouvelles qui procurent une
économie considérable sur les frais de main-
d'œuvre; d'autres, des procédés beaucoup plus
parfaits que ceux dont elles faisaient usage. Il

(n) Voir la note à la fin du Mémoire.

n'est pas de petit atelier qui ne profite des lumières qu'elle répand, en publiant, tous les mois, un bulletin qui donne des détails circonstanciés sur les découvertes nouvellement faites. C'est au moyen d'une souscription payée, chaque année, par ses membres, que la société d'encouragement fait face aux dépenses qu'entraîne la distribution de ses prix. Aux services qu'elle rend, il faut ajouter ceux d'un comité attaché à la division des bureaux du ministère de l'intérieur, qui a les manufactures dans ses attributions. Jusqu'à présent, ce comité a été composé de membres extrêmement distingués par leurs connaissances dans les arts et les sciences. Les ministres qui les ont nommés ont tous été pénétrés de l'opinion que si l'on pouvait sans inconvénient accorder à des individus d'un talent ordinaire un grand nombre d'emplois, il n'en était pas de même, lorsqu'il est question des hommes qui doivent diriger en chef une partie d'administration aussi importante et aussi difficile que l'est celle de l'industrie, ou donner des avis sur les moyens de l'améliorer. Le soin qu'ils ont porté dans leurs choix a produit les résultats qu'ils devaient en attendre. Le comité a sur-tout justifié leurs espérances. Il est consulté sur les projets nouveaux d'améliorations, et il propose souvent des vues. En général, les récompenses qu'obtiennent les inventeurs, sont décernées d'après ses avis. Une loi du 12 septembre 1791, avait déterminé la quotité de celles que toucheraient les artistes qui feraient jouir de suite le public de leurs découvertes. D'après cette loi, les encourage- ments étaient divisés en trois classes, dont la plus élevée était de 6000 francs. L'adminis- tration ne s'est jamais conformée strictement à cette disposition. Elle a pensé, avec raison, que l'on ne pouvait tarifer les productions du génie, et qu'il était des circonstances où l'inté- rêt public commande d'accorder une somme plus considérable.

Antérieurement à l'établissement du comité dont il vient d'être question, il avait été créé un bureau de consultation des arts et mé- tiers. Ce bureau a été, pendant sa courte existence, d'une grande utilité, et c'est de l'époque où il a été formé que date l'alliance des sciences et des arts. Les communications entre les hommes qui ont des idées heureuses et les savants qui indiquent des rectifications à faire, et les moyens à employer pour obtenir une bonne exécution, ne peuvent qu'avoir une très-grande influence sur les progrès de l'in- dustrie. Le bureau de consultation a été le pre- mier lien de l'union qui règne aujourd'hui entre les uns et les autres, en excitant l'émulation

des artistes par l'espoir des récompenses, et
en faisant sentir les avantages d'une théorie
éclairée jointe aux moyens pratiques; le comité
qui l'a remplacé a été animé par les mêmes
vues. Dans ses jugements sur les découvertes
qu'on présente comme nouvelles et utiles, il a
toujours été guidé par le principe que le mérite
seul devait obtenir les récompenses nationales.
Ce moyen est le seul, en effet, qui puisse écarter
les charlatans, dans les arts, que l'administration ne peut protéger, sans décourager les
hommes d'un véritable talent, et sans arrêter
le génie de l'invention, qu'elle ne doit jamais
perdre de vue.

Les découvertes, faites depuis vingt ans, sont
très - nombreuses : ce résultat n'étonnera point,
si l'on réfléchit que l'administration avait tout
disposé pour l'amener. En créant des écoles spéciales pour l'enseignement des sciences et des
arts, telles que les écoles polytechnique et des
mines, et celles des arts et métiers de Châlons
et d'Angers, où plus de sept cents jeunes gens ap-
prennent des métiers, la géométrie, le dessin, et
le lavis, elle savait que ces établissements feraient
faire des progrès aux arts mécaniques, chimiques,
agricoles, et économiques, et que les élèves qui
en sortiraient porteraient dans les campagnes,
les ateliers et les fabriques, l'esprit de recherches
dont on leur aurait donné l'habitude. Le conser-

vatoire des arts et métiers de Paris a été en
partie créé pour éviter des tâtonnements aux
artistes qui s'occupent de faire des découvertes
nouvelles. Ils y trouvent, en effet, les modèles
des machines récemment inventées, et ils ont
ainsi un point de départ ; ce qui n'est pas
une chose indifférente, puisque, au lieu d'employer leur temps à la recherche de moyens
déja connus, ils peuvent en disposer, d'une
manière plus utile, pour la découverte de
nouvelles combinaisons. D'autres motifs d'un
grand intérêt encore ont déterminé la formation du conservatoire. Depuis long-temps, on
sentait qu'il serait utile aux manufacturiers
d'avoir un dépôt où il leur fût possible de
prendre connaissance des machines nouvellement découvertes. Le conservatoire possédant
la série des modèles dont l'emploi offre le plus
d'avantages, ils y trouvent souvent le moyen de
perfectionner leur industrie. Indépendamment
des cours de géométrie descriptive et de dessin,
qu'on y fait, il y a été créé un atelier de perfectionnement qui sera, sans doute, quelque
jour utile à nos fabriques.

L'école de teinture, formée aux Gobelins, a
été établie pour propager les meilleures méthodes de teinture dans les fabriques de draps
et de soie : le gouvernement y entretient, à ses

frais, deux élèves pris dans les villes où l'on se livre à l'exploitation de ces branches d'industrie. Quand ils ont terminé leur apprentissage, dont la durée est fixée à deux ans, ils reportent dans les établissements particuliers l'instruction qu'ils ont reçue. Nous devons à cette école plusieurs perfectionnements importants dans l'art de la teinture. A une époque assez éloignée, on avait eu l'idée d'établir à la manufacture de porcelaines de Sèvres une-école pour une fabrication plus parfaite des poteries. Le directeur de cette manufacture, M. Brongniart, avait bien voulu, sur la prière qui lui avait été faite par l'administration, se charger de donner des conseils sur les moyens à prendre pour arriver au but qu'on se proposait. Je sais qu'il s'est occupé de beaucoup d'expériences, à l'effet de perfectionner l'art des poteries. Si, un jour, il fait jouir nos manufactures du fruit de ses recherches, il leur aura rendu un véritable service. Leurs produits n'ont pas encore toute la beauté convenable ; le prix en est aussi trop élevé, et il est à desirer qu'elles trouvent un moyen de faire mieux, et de ne pas vendre plus cher que les fabriques étrangères.

La ville de Paris, étant la capitale de la France, est par cela même la cité que fréquentent le plus les personnes de toutes les conditions et de toutes les professions. Elle est encore celle qui a l'industrie la plus variée et la plus étendue. Un pareil état de choses a dû y faire placer les principaux établissements d'arts et de sciences. Ce motif n'a point fait négliger les villes de province. Plusieurs d'entre elles ont aussi des établissements formés dans la vue d'accélérer les progrès de l'industrie. Celle de Lyon possède, notamment, un conservatoire des arts et métiers dans lequel il a été établi des cours pour l'enseignement du dessin, de la chimie, et de la mécanique. Ces cours ont pour but de développer l'esprit d'invention et de perfectionnement, si utile à ses manufactures. La vue des modèles, déposés dans les conservatoires de Lyon et de Paris, a fait naître à des manufacturiers de la première de ces villes l'idée de quelques améliorations dans la manière de fabriquer certaines étoffes, notamment les *tissus brochés et façonnés.* D'autres villes manufacturières possèdent des professeurs de dessin. En général, ils ont été placés dans celles où la principale branche d'industrie exige la connaissance des belles formes.

Les expositions des produits de l'industrie nationale ont été l'une des institutions les plus utiles : ce fut en 1797, qu'eut lieu la première; et l'idée en fut suggérée par le desir de trouver

3.

un moyen d'ajouter à l'embellissement d'une
fête publique, qu'on devait donner au Champ-
de-Mars. On voulait d'abord faire un marché
comme pouvant contribuer à varier les plaisirs;
et, de réflexions en réflexions, on fut conduit à
penser que les arts d'agrément ayant leur exposition, il était naturel de faire jouir les arts
utiles du même avantage. Dès que les idées
furent arrêtées sur ce projet, on s'empressa de
le mettre à exécution.

L'exposition de 1797 n'eut pas un très-grand
éclat. Faute d'avoir été prévenus quelque temps
à l'avance, les artistes et les fabricants des provinces éloignées de la capitale ne purent y envoyer. Il n'y parut que les produits de l'industrie
de ceux de Paris et des départements voisins. Les
expositions de 1801 et de 1802 prouvèrent que
l'institution avait été goûtée par les villes manufacturières, et le plus grand nombre d'entre
elles y firent figurer des échantillons des marchandises qu'elles fabriquent. Leur empressement redoubla, lorsqu'en 1806, on annonça
qu'il y aurait une nouvelle exposition. De tous
les points de la France, elles envoyèrent des
objets remarquables par la variété et la beauté.
Il parvint même plusieurs modèles de machines nouvelles. Presque toutes les branches
de notre industrie ayant fourni ce qu'elles éta-

blissent de plus parfait, on profita de cette circonstance pour rédiger des notices sur les objets mis à l'exposition. Ces notices, qui furent imprimées à l'imprimerie royale, forment un volume in-8°, de 348 pages. Elles sont précédées d'une introduction que je rédigeai pour faire connaître la situation de nos principales fabriques. Plusieurs écrivains ont bien voulu, dans des mémoires sur des matières de finance et de commerce dont ils sont auteurs, citer quelques passages de cette introduction et des fragments des notices. Ils ont eu raison de regarder les faits avancés dans l'ouvrage comme authentiques. Ces faits ont été tirés des pièces parvenues à l'administraion, et ils peuvent servir à établir des points de comparaison pour juger l'état de notre industrie antérieurement à l'année 1806, et les progrès qu'elle a faits depuis cette époque.

La multitude n'a vu dans les expositions qu'un spectacle curieux et amusant, en ce qu'elles mettaient sous ses yeux les produits les plus nouveaux des arts. L'administration y a trouvé un moyen d'ajouter à la prospérité de l'industrie. Elles lui ont été utiles, en lui fournissant des données pour distribuer les encouragements avec discernement. Les rapports des jurys, nommés pour prononcer sur le mérite

des objets qui y sont admis, signalant la situation de l'industrie à l'époque où ils sont faits,
il lui est possible de régler sa marche, de manière à nous procurer promptement les fabrications qui nous manquent, et à faire perfectionner celles qui ont besoin de l'être. Le dernier de ces rapports, qui forme un volume assez
considérable, est plein de faits d'un grand intérêt, et a fourni des lumières précieuses dont
on a profité dans plusieurs circonstances.

Les expositions ont vivement excité l'émulation des artistes et des fabricants. Le desir de
l'emporter sur leurs rivaux et d'obtenir les
prix accordés à ceux que distinguait le jury
national a procuré quelques découvertes et fait
perfectionner des fabrications.

La classe des ouvriers est en général peu pré-
voyante : après avoir déterminé la nature de
leurs rapports avec ceux qui les occupent, il
convenait d'établir des institutions qui, en leur
faisant sentir les avantages de l'économie, leur
assurassent des ressources dans leur vieillesse, et
dans les circonstances où des maladies ne leur
permettraient point de travailler. L'administration a pensé que des *caisses de prévoyance*,
formées par des retenues sur une faible partie
de ce qu'ils gagnent pendant la semaine, pouvaient faire atteindre un but si philanthropique,

et elle en a encouragé la formation dans quelques villes manufacturières. Il est à desirer que des établissements semblables se multiplient. Administrés par les ouvriers eux-mêmes, ou par leurs délégués, sous la surveillance des autorités locales, ils donnent à ceux d'entre eux qui sont dans le malheur la certitude de n'être pas privés de tout secours dans leurs moments de détresse. Une autre institution qui n'a pas un but moins philanthropique est celle des bureaux pour le placement des ouvriers, qu'on a établis dans les grandes villes manufacturières : ils sont principalement utiles à ceux qu'on nomme *voyageurs*, en leur fournissant le moyen de connaître les particuliers qui peuvent les occuper. Il existait bien autrefois des établissements qui avaient quelque ressemblance avec ces bureaux ; mais, comme ils étaient tenus par des individus obscurs, souvent même par des femmes, ils servaient quelquefois la cupidité, en présentant la facilité de rançonner les malheureux qui étaient obligés d'y recourir. L'administration a régularisé ce qui les concerne, en donnant à ceux qui en sont chefs une sorte de caractère public, et en prévenant, par des mesures sages, les exactions et les abus de confiance.

Ces détails sur les *caisses de prévoyance, et les bureaux de placement*, paraîtront peut-être étrangers aux vues qui m'ont fait entreprendre

la rédaction de ce mémoire. Si je les donne,
c'est pour prouver que l'administration, tout
en s'occupant avec persévérance de l'amélioration de l'industrie, n'a pas non plus négligé
l'emploi des moyens moraux. Le bien-être des
ouvriers ne saurait être indifférent au gouvernement, et c'est surtout en dirigeant leurs
idées vers des principes d'économie et de bonne
conduite, qu'on parvient à rendre leur condition plus heureuse.

Aux faits dont je viens de parler, il serait
possible d'en ajouter d'autres qui prouveraient
toute la sollicitude de l'administration, pour empêcher la perte de quelques-unes des branches
de notre industrie. A l'époque de la tourmente
révolutionnaire, beaucoup de fabricants et
d'ouvriers habiles avaient fui à l'étranger, pour
se soustraire aux persécutions. L'administration, supérieure aux passions du jour, s'empressa de les faire rappeler dans leur patrie :
elle savait que ces passions finissent avec les
circonstances qui les ont fait naître, et que
pour ne pas voir transplanter à l'extérieur des
fabrications qui sont pour le royaume une
source de richesses, il importait de réconcilier
avec la grande famille des Français, les malheureux artistes et manufacturiers proscrits.
Lyon, qui a perdu un si grand nombre de ses
fabricants et de ses ouvriers, par la hache révo-

lutionnaire, a principalement profité des mesures qui ont été provoquées. Les commissaires
des relations commerciales dans les différentes
villes de l'Europe furent autorisés à fournir à
ceux d'entre eux qui étaient expatriés, les secours nécessaires pour rejoindre leurs foyers.
Ils furent chargés, en même temps, de réveiller
en eux le sentiment de l'amour de leur pays
qui ne saurait mourir chez des Français, et de
leur donner l'assurance qu'ils jouiraient dorénavant de la tranquillité et de la protection si
nécessaires à l'industrie et au commerce pour
prospérer. Ces dispositions ont contribué à
sauver d'une ruine entière les fabriques de la
ville de Lyon, réduites alors à une espèce d'a-
néantissement.

*Mesures qui ont enrichi la France des branches
d'industrie qui lui manquaient, et ont in-
troduit, dans les manufactures, l'emploi des
moyens les plus avantageux de fabrication.*

Les personnes qui s'occupent d'industrie et
d'agriculture, savent combien il est difficile de
faire adopter les nouvelles pratiques dans les
arts. L'expérience a beau être en faveur de ce
qu'annoncent les hommes instruits, la routine
et les préjugés présentent des barrières qu'il
ne leur est pas aisé de faire franchir. L'administration a eu à lutter contre une foule d'obs-

tacles résultant de cette routine et de ces
préjugés, et elle a été assez heureuse pour les
surmonter dans un grand nombre de circonstances. Elle s'est surtout appliquée à les ren-
verser, quand il a été question des grandes
fabrications. Celles des tissus de coton et de
draps en sont la preuve.

Dans les fabriques de coton, le tissage n'est
pas l'opération la plus difficile. Pour peu que
les ouvriers soient habiles, ils l'exécutent, dans
le plus grand nombre de cas, d'une manière
satisfaisante. Ce qui importe principalement à
leur prospérité, c'est d'avoir des fils dans tous
les numéros, dont la torsion soit bien faite, et
qui soient du prix le moins élevé possible. Si
les machines qui servent au filage ont été per-
fectionnées, le fabricant ne peut se dispenser
de substituer le système nouvellement découvert à celui dont il fait usage ; autrement, il
se trouve dans une situation qui ne lui permet
pas de soutenir la concurrence des manufactures étrangères. Ces manufactures, pouvant
vendre leurs produits à des prix moins élevés
que lui, ne manquent pas, malgré les prohibi-
tions et la surveillance des douanes, de les
introduire frauduleusement. Elles ne sauraient
être retenues par le besoin de payer une prime
d'entrée qui, dans presque tous les cas, excède
rarement 12 à 15 pour cent de la valeur de la

marchandise. En effet, si le perfectionnement, apporté aux machines, est important, les bénéfices qu'elles leur procurent sont plus que suffisants pour les dédommager du paiement qu'elles ont été dans le cas de faire. Un semblable état de choses a du fixer toute l'attention de l'administration. Aussi s'est-elle occupée, à différentes époques, des moyens d'introduire dans les ateliers les machines les plus parfaites. La première mesure, prise à ce sujet, l'a été en 1785, par M. de Calonne, alors contrôleur général des finances, qui fit venir, d'Angleterre, Milne et ses fils. Malgré les moyens employés pour propager l'emploi des machines qu'ils construisaient, il ne se forma qu'un très-petit nombre d'établissements. Cette espèce d'opposition à des vues toutes dans l'intérêt des fabriques de coton, a duré, pendant plusieurs années, et ce n'est qu'avec peine qu'on est parvenu à la surmonter. Il n'a pas été plus facile de persuader aux fabricants, qu'il leur importait de se servir des machines qu'on nomme *Mull-jenny*. Pour les leur procurer, l'administration avait fait différentes tentatives qui furent infructueuses. Elle savait cependant qu'elles existaient en Angleterre, et que l'emploi qu'en faisaient les manufactures de ce pays leur donnait l'avantage sur celles des autres nations.

Alors elle se détermina à ouvrir un concours,
en promettant une somme considérable à celui qui les procurerait. Ce moyen eut le succès
qu'elle s'en était promis. Les modèles des machines qui remportèrent le prix, furent déposés au
conservatoire des arts et métiers de Paris, et il
fut libre à chacun d'en prendre connaissance.
L'administration écrivit ensuite sur tous les
points du royaume, afin d'engager les fabricants
à en faire construire de semblables. Soit pré-
vention, soit crainte de se constituer en dépense, ils n'eurent aucun égard à son invitation.
Leur peu d'empressement pouvant avoir sa
source dans la répugnance que les manufacturiers ont ordinairement pour les nouveautés,
le gouvernement prit le parti d'ordonner la
construction de plusieurs assortiments des nouvelles machines, et de les envoyer, à titre de
don, aux villes où l'on s'occupe le plus de la
fabrication du coton. La vue de ces machines
convainquit les manufacturiers de leur supé-
riorité sur celles qu'ils employaient, et, en moins
de deux ans, elles se trouvèrent dans le plus
grand nombre des fabriques. A la vérité, cette
mesure a occasionné une dépense assez considérable; mais on a obtenu un résultat si utile,
qu'on ne peut qu'applaudir au sacrifice qui a
été fait.

Nos fabriques exécutaient mal le travail de la filature du coton. Le besoin de le perfectionner fit établir au conservatoire des arts et métiers de Paris, une école pour former des élèves. Un ouvrier habile fut chargé de diriger leur instruction, et cette mesure a produit l'effet qu'on attendait. Les sujets, sortis de l'école, ont reporté, dans les ateliers particuliers, les connaissances qu'ils ont acquises, de manière qu'aujourd'hui le travail de la filature se fait bien en général dans toutes les fabriques. C'est aux mesures dont je viens de parler, et à des encouragements particuliers distribués avec sagesse, qu'on doit la possession de toutes les branches d'industrie dont le coton est la matière première; et loin d'être, comme autrefois, tributaires de l'étranger pour les marchandises qu'elle produit, nous lui faisons au contraire des ventes. Ce n'est pas une consommation de peu d'importance que celle de ces marchandises. Des personnes, instruites dans les matières de commerce, l'évaluent à une somme annuelle de plus de cent quarante millions.

Les moyens, employés pour ajouter à la prospérité de nos fabriques de draps, ont été à-peu-près les mêmes que ceux dont il vient d'être question. Ces fabriques ne possédaient pas non plus les machines nouvellement découvertes.

L'administration qui savait combien elles leur seraient avantageuses, a fait de grands sacrifices pour les leur procurer. Elle a d'abord acheté, moyennant une somme considérable, le brevet qu'avait obtenu M. Douglas. Cette acquisition rendant libre l'usage des machines qu'il avait importées d'Angleterre en France, l'administration s'empressa d'en informer les chambres de commerce et de manufactures des villes où l'on s'occupe le plus de la fabrication des draps. Quoiqu'elle fût entrée dans des détails circonstanciés sur les avantages résultant de l'emploi des moyens mécaniques nouvellement découverts, ses invitations eurent le même sort que celles qui avaient été faites, relativement aux machines à filer le coton, c'est-à-dire, que les manufacturiers ne changèrent point leur manière de fabriquer. Il fallait cependant faire cesser l'indifférence qu'ils montraient. L'administration y parvint en promettant des primes à ceux qui se procureraient les machines. Ces primes qui, dans quelques circonstances, ont été du quart, et même du tiers de la valeur des assortiments, mirent un terme aux irrésolutions, et aujourd'hui presque toutes les grandes fabriques ont les machines. L'adoption de la navette volante éprouvait aussi des difficultés. Elles furent levées par la formation d'une école dans laquelle on enseigna la manière de s'en servir. Lorsque l'instruction des élèves qu'on appela de toutes les parties du royaume était terminée, on leur remettait à chacun deux navettes, l'une grande et l'autre petite, et deux métiers exécutés dans des dimensions différentes, et plus parfaits que ceux qui étaient en usage. Il n'était pas indifférent que les fabriques adoptassent l'instrument dont il est ici question. Il présente le double mérite de faciliter le tissage des étoffes, et de rendre moins pénible le travail des ouvriers.

S'il était utile de répandre dans les manufactures de coton et de draps la connaissance des machines nouvellement découvertes, il ne l'était pas moins de trouver un moyen de perfectionner la fabrication des tissus de lin et de chanvre. A une époque qui n'est pas très-éloignée, cette fabrication avait rendu singulièrement florissantes quelques-unes de nos cités, notamment Saint-Quentin et Valenciennes, qui vendaient des batistes et des linons pour des sommes immenses, en France et à l'étranger. Des machines qui auraient filé le lin dans les numéros élevés pouvaient en faire renaître la prospérité, en fournissant la possibilité de fabriquer dans des prix assez bas pour engager les particuliers à faire une plus grande consommation des marchandises de cette nature. L'administration a toujours vu avec peine la décadence des fabriques de linons et de batistes. Dans leur exploitation, tout est profit pour nous, puisque nous récoltons sur notre territoire la matière première qu'elles emploient; ce qui n'a pas lieu pour le plus grand nombre des autres branches d'industrie. Le desir d'obtenir des machines propres à relever ces fabriques, détermina le gouvernement à ouvrir un concours auquel les étrangers comme les nationaux furent invités à prendre part. Si la decouverte à faire était d'une grande importance, la récompense que devait recevoir l'inventeur était, d'un autre côté, proportionnée à la difficulté que présentait la solution du problème. Le prix avait été fixé à un million par le décret du 7 mai 1810. Dans le programme qu'on publia, et qui fut traduit dans les principales langues de l'Europe, on parla des machines découvertes jusqu'alors pour filer le lin, et des motifs qui n'avaient pas permis de les adopter. Cette attention avait pour but d'éviter aux artistes des pertes de temps, si, faute de connaître l'état de l'art, ils avaient dirigé leurs recherches vers la découverte de moyens déja trouvés. Plusieurs modèles, construits d'après des combinaisons nouvelles, ont été envoyés. L'emploi de tous ne serait pas également avantageux;

il se trouve parmi eux un système ingénieux de machines. Il est vrai qu'avec ces machines, on ne peut obtenir le fil à dentelles, mais elles donnent celui qu'exige la fabrication des batistes d'une assez grande finesse. Des motifs qu'il est inutile de faire connaître, n'ont pas encore permis de les propager dans les fabriques : le moment n'est pas éloigné où elles en seront en possession. Nos manufactures de toiles peuvent aujourd'hui se procurer le métier à fabriquer le linge damassé. Il est déposé au conservatoire des arts et métiers de Paris. L'administration qui savait combien il serait utile, a profité, pour l'obtenir, de la circonstance où nos armées se trouvaient en Allemagne. Elle a fait venir, en même temps, de la Silésie prussienne, un ouvrier assez instruit pour former des élèves. Si les manufactures nationales n'ont pas encore retiré les avantages qu'on s'est promis des mesures prises, ces mesures ont, en revanche, été utiles au département de la Lys qui, à cette époque, faisait partie de la France. Il a été formé, sous les yeux et par les soins de M. Molard, administrateur du conservatoire des arts et métiers (c), des élèves qui ont porté dans

---

(c) Voir la note à la fin du Mémoire.

4

ses manufactures l'art de fabriquer le linge damassé, art qui, auparavant, y était inconnu.

Une teinture belle et solide ajoute beaucoup
à la valeur des tissus. J'ai déja eu occasion de
remarquer que l'administration n'avait rien
négligé pour propager les bonnes méthodes
dans les ateliers, sur-tout dans ceux où l'on
teint la soie et la laine. Indépendamment de
l'école qu'elle a formée aux Gobelins, elle a
cherché, plusieurs fois, à exciter le zèle des
chimistes, bien persuadée que leurs efforts
pourraient procurer, dans une foule de circonstances, des couleurs plus belles et plus so-
lides, ou des procédés plus économiques que
ceux qui sont connus. Elle desirait sur-tout,
afin de nous affranchir du tribut que nous
payons aux étrangers, qu'il fût possible de
trouver le moyen de remplacer par des substances indigènes celles que nous sommes
forcés de tirer de chez eux. Elle a proposé
plusieurs prix à cet égard. Tous n'ont pas été
remportés ; mais nous devons à l'un d'eux le
procédé imaginé par M. Raymond, professeur
de chimie à Lyon, pour teindre la soie en bleu
avec *le prussiate de fer*. Le décret du 3 juillet
1810 portait que pour obtenir les 25,000 fr.
promis à celui qui ferait la découverte, il fau-
drait en outre trouver le moyen de teindre la

laine avec la même snbstance. M. Raymond n'a pas rempli la dernière condition, et cette circonstance a obligé de ne lui délivrer qu'une partie de la somme. La récompense qu'il a reçue doit l'engager à redoubler d'efforts pour résoudre toutes les parties du problême. Personne n'est plus que lui en mesure de parvenir à cette solution. Il a des connaissances étendues en chimie, et il a fait des expériences qui l'ont mis, sans doute, sur la voie de trouver le procédé pour teindre aussi en bleu la laine avec le prussiate de fer.

Nos fabriques de gazes, de tulles, de crêpes, etc. manquaient d'une soie qui conservât longtemps sa blancheur. L'administration, instruite qu'en 1789, le gouvernement avait fait venir de la Chine de la graine du ver qui la produit, et qu'il s'en trouvait encore des parties entre les mains de M. Rocheblave, négociant d'Alais, s'empressa de se les procurer. Elle les a envoyées dans les départements du Midi, où elles ont été distribuées aux propriétaires. Elle se proposait, par cet envoi, de hâter le moment où nous recueillerons sur notre territoire une matière que nos fabriques sont forcées de tirer de l'étranger. La correspondance qu'elle entretient avec les autorités locales lui a appris que ses vues se réalisaient insensiblement, et que

4.

la récolte de la soie blanche était déja considérable. Pour déterminer les cultivateurs à faire
de nouveaux efforts, il a été promis des primes
à ceux d'entre eux qui verseraient le plus de
cette matière dans le commerce. Postérieurement, il a été rédigé par M. Bardel, membre
de l'un des comités de la société d'encouragement, une instruction sur la manière d'élever
le ver, et d'empêcher l'altération de la blancheur de la soie. L'administration l'a trouvée
remplie de vues sages, et elle s'est empressée
de l'envoyer aux cultivateurs.

Il serait possible de multiplier les exemples
de ce qu'elle a fait pour hâter le développement de notre industrie. Si je me suis étendu
sur les principales fabrications, c'est qu'elles
présentent plus d'intérêt que les autres, en ce
qu'elles occupent une portion très-considérable
de la classe ouvrière. La prospérité d'aucune
branche d'industrie n'a été abandonnée à ses
propres moyens; toutes ont reçu de l'administration plus ou moins d'encouragements. C'est
aux sacrifices qu'elle a faits qu'on doit la formation de l'horlogerie de Besançon, horlogerie,
d'autant plus précieuse aujourd'hui, que depuis
la séparation de Genève de la France, elle est
la seule grande manufacture de ce genre que
nous possédions. Par quelques encouragements

particuliers, elle a contribué au perfectionnement de l'art du tannage des cuirs. La méthode,
employée dans nos fabriques pour le collage
du papier, n'avait pas toute la bonté desirable ;
l'administration s'est empressée de faire les
fonds d'un prix proposé par la société d'encouragement pour la perfectionner. Les fabriques de produits chimiques qui sont aujour-
d'hui si nombreuses, et nous procurent des
marchandises si variées, n'ont pas été étrangères à sa sollicitude. Elle a provoqué la création de plusieurs établissements de cette nature,
en faisant jouir les entrepreneurs de différentes
faveurs. L'art de fabriquer le fer-blanc était
dans l'enfance ; des primes l'en ont fait sortir :
elles ont été distribuées avec tant de généro-
sité, qu'un fabricant d'un pays qui n'appartient plus à la France, le sieur Delloye, de Huy,
dans le pays de Liége, a touché plus de 84,000 f.
La société d'encouragement a , de son côté, se-
condé les vues de l'administration, en ouvrant
un concours pour le perfectionnement de la
fabrication du fer-blanc, et il est juste de déclarer que ce concours a contribué à faire atteindre le but qu'on avait en vue. La fabrication
des cristaux n'a pas été non plus oubliée. L'administration a senti qu'il importait de l'encou-
rager, et de faire découvrir de cette manière le

moyen de fabriquer le *flint-glass*. Ce moyen a
été trouvé par M. Dartigues, propriétaire des
belles verreries de Vonêche. Après une foule
d'expériences dont ce manufacturier estimable
a fait les frais, il est parvenu à soumettre la
fabrication à des règles à-peu-près positives,
problème qui, jusqu'à lui, était regardé comme
étant d'une solution extrèmement difficile. Il a
aussi beaucoup perfectionné la fabrication des
cristaux, de manière qu'aujourd'hui, loin de
tirer de l'étranger des objets de ce genre, nous
lui faisons au contraire des ventes. Les succès,
obtenus par M. Dartigues, ne surprendront
point, si l'on considère qu'il a été élève de
l'école polytechnique; qu'il aime les sciences
avec passion, et qu'à une théorie éclairée, il
joint des connaissances en chimie très-éten-
dues qu'il fait servir à l'amélioration de l'industrie qu'il exploite.

L'administration a fait, à différentes époques,
à des manufacturiers, le prêt de sommes pour
leur fournir le moyen, soit de maintenir l'activité de leurs établissements, soit de nous
enrichir de quelques branches nouvelles d'industrie. La fabrication des casimirs a été, notamment, l'objet de soins particuliers. Il a été
avancé une somme considérable à un fabricant d'Amiens, qui a cherché à la perfection-

ner. Si nous possédons aujourd'hui la fabrication de sucre de betterave, on le doit aux immenses sacrifices qui ont été faits. Des préjugés nombreux existaient contre cette industrie, et il n'a fallu rien moins que la persévérance des efforts de l'administration pour les surmonter. Enfin il n'est point de procédés nouveaux dont elle ne se soit empressée de recommander l'emploi aussitôt que l'avantage en a été constaté. Elle a même fait imprimer, dans plusieurs circonstances, des instructions particulières.

Pour exciter et maintenir le mouvement d'amélioration imprimé aux esprits, elle ne s'est pas bornée à donner des récompenses pécuniaires aux hommes qui se sont fait remarquer par leur habileté. Elle leur a souvent accordé des distinctions honorifiques. Dans le nombre de ceux qui ont obtenu ces distinctions, se trouve le sieur Gonin, teinturier de Lyon, qui a découvert le beau noir qui porte son nom, et qu'on estime beaucoup dans les manufactures de soie. Des machines nouvellement inventées étaient-elles reconnues utiles : elle s'empressait d'en acheter des modèles, et de les faire déposer au conservatoire des arts et métiers de Paris. La vue de ces modèles a souvent déterminé des manufacturiers à changer leurs moyens de fabrication, et à leur en substituer d'autres dont, auparavant, ils ne connaissaient pas les avantages. A ces causes de la prospérité de notre industrie, il faut ajouter celles qui résultent des changements apportés au tarif des douanes. Dans les mesures que l'administration a provoquées à ce sujet, elle n'a jamais perdu de vue le principe que les droits à établir sur les produits des manufactures étrangères doivent être réglés, de manière que nos fabricants n'aient rien à redouter de leur concurrence.

Résumé général.

Une législation mieux appropriée à l'état des arts; des institutions combinées de manière à procurer des découvertes nouvelles et des perfectionnements dans les produits des manufactures; des encouragements distribués avec discernement, et l'attention de propager l'emploi des procédés les plus avantageux de fabrication; voilà les moyens qui ont rendu notre industrie si florissante. Des personnes ont prétendu qu'un résultat aussi satisfaisant était dû à la révolution qui a dirigé toutes les idées vers les choses utiles. D'autres l'ont attribué au système prohibitif, adopté par le gouvernement impérial dans les dernières années de son existence. La révolution peut bien avoir contribué au développement de l'industrie, en détruisant les préjugés contre la profession de commerçant et de manufacturier, et en faisant embrasser cette profession par une foule d'hommes nés dans les hautes classes de la société. Il est probable que plusieurs individus, appartenant à ces classes, possédaient l'art du dessin, et avaient des connaissances en chimie et en mécanique, et que de cette manière, l'industrie se sera ressentie de leur instruction. Le régime prohibitif, dont je suis loin de contester l'utilité dans plusieurs circonstances, ne me paraît point avoir dû produire les mêmes effets. Il peut avoir fait former des manufactures, en donnant aux entrepreneurs la certitude de la vente des marchandises qu'ils fabriquaient, mais il n'a eu aucune influence sur les améliorations. Ces améliorations proviennent, je le répète, des moyens employés par l'administration. Aujourd'hui, l'impulsion est donnée, et nous aurons bientôt celles des branches d'industrie qui peuvent nous manquer, telle que la fabrication de l'acier fondu, dont les arts font une assez grande consommation. Différentes mesures ont été prises pour nous la procurer, et il faut espérer qu'elles seront couronnées du succès. Pour que notre industrie continue à être florissante, il

suffit de suivre les errements qui en ont amené
le développement. Nous devons nous reposer
du soin de la conserver sur la sagesse du gouvernement qui a un si grand intérêt à ce qu'elle
obtienne toute la perfection et la splendeur
dont elle est susceptible.

Les souverains et les administrateurs qui
ajoutent à la prospérité de l'industrie et du
commerce, se couvrent de gloire, et leurs noms
révérés passent à la postérité la plus reculée :
c'est un avantage dont ne peuvent jouir les
hommes employés sous leurs ordres, et qui
souvent leur ont suggéré l'idée des améliorations qui fondent leur réputation. Enveloppés
dans l'obscurité, le public ignore, même quelquefois pendant leur vie, l'existence de ces
hommes estimables. Si leur carrière est peu
brillante, si des passions malfaisante la sèment
de dégoûts, ils doivent se consoler, en songeant
au bien que, par leurs travaux et leurs conseils,
ils ont pu faire : la conviction d'avoir été utile
à son pays procure une satisfaction qui dure
encore, lors même que les autres jouissances
ont été ravies.

CL. ANTHELME COSTAZ.

Paris, le 5 mars 1815.

NOTES.

(a) M. Costaz aîné, qui a été préfet, puis intendant des Bâtiments de la Couronne, directeur général des Ponts-et-Chaussées, et Conseiller d'État, fut le rédacteur de ce projet, qui prouva la possibilité de faire des lois générales pour les manufactures et l'industrie. Il était alors membre du comité consultatif des arts, dans lequel il avait pour collègues des hommes extrêmement distingués dans les sciences, notamment feu Joseph Montgolfier, connu par les deux découvertes les plus étonnantes du dernier siècle, celle des aérostats et du bélier hydraulique. Auparavant, il avait provoqué, avec MM. Molard et Conté, la création du Conservatoire des arts et métiers, l'établissement le plus utile que possède la France. Depuis, il a fait partie de la réunion qui a fondé la Société d'encouragement, et a rédigé les rapports que le jury national des arts, dont il était membre, a faits sur les produits de l'industrie française, présentés aux trois dernières expositions.

(b) La Société d'encouragement a été établie par suite de la conviction qu'on avait de l'utilité d'une institution semblable. Il serait trop long de rappeler les noms de tous ceux qui l'ont fondée. Je me bornerai à citer, comme étant de ce nombre, MM. Chaptal, alors ministre de l'intérieur ; Frochot , préfet du département de la Seine ; Costaz aîné ; Sylvestre , secrétaire de la Société d'agriculture de Paris ; Matthieu de Montmorenci ; Regnauld ; Huzard ; Tessier ; Brillat-Savarin ; Benjamin Delessert ; Scipion Perier ; Delasteyrie ; Ternaux aîné ; Conté ; Degerando ; Savoye-Rollin ; Molard ; Bardel ; Montgolfier ; Cl. Anthelme Costaz.

Ceux des fondateurs de la Société d'encouragement, qui sont encore vivants, sont presque tous membres de son conseil d'administration, lequel , pour la régularité de ses travaux, s'est divisé en six comités, ayant les dénominations suivantes :

Comité d'Agriculture.
Comité des Arts Chimiques.
Comité des Arts Économiques.
Comité des Arts Mécaniques.
Comité du Commerce.
Comité des Fonds.

Un grand nombre des membres de ces comités jouissent de la plus haute réputation dans les sciences, et je ne balance pas à dire que l'Europe entière aurait de la peine à fournir une série d'hommes aussi distingués. Les travaux de la Société d'encouragement pourraient faire la matière d'une histoire extrêmement intéressante pour les arts.

(c) M. Molard a été l'un des instruments les plus actifs et les plus utiles des améliorations. Si le Conservatoirc des arts et métiers possède un aussi grand nombre de modèles nouveaux, on le doit à son zèle infatigable. L'utilité de cet établissement était trop évidente pour que les ministres, ayant le commerce et les manufactures dans leurs attributions, ne cherchassent point à augmenter sa collection. Je leur dois la justice de déclarer que je n'ai éprouvé aucune difficulté pour leur faire goûter mes idées à ce sujet.

FIN DES NOTES.

LOIS

Contenant des mesures d'intérêt général, relativement aux manufactures, aux ateliers et aux ouvriers.

Nota. Pour ne rien insérer d'inutile dans ce recueil, il ne sera imprimé que la législation relative aux manufactures, aux ateliers, aux ouvriers et aux arts; toutes les fois même que l'on n'aura besoin que de quelques articles d'une loi, ou d'un décret, on se bornera à les transcrire. MM. les manufacturiers et artistes peuvent être assurés, d'ailleurs, qu'il n'a été omis aucune partie importante de la législation qui les concerne.

Extrait de la Loi du 17 mars 1791 qui, en établissant les patentés, a supprimé en même temps les maîtrises, les jurandes, les places d'inspecteurs de manufactures, etc.

ARTICLE II.

A compter du 1ᵉʳ avril prochain, les offices de perruquiers-barbiers-baigneurs-étuvistes, ceux des agents de change, et tous autres offices pour l'inspection et les travaux des arts et du commerce, les brevets et les lettres de maîtrise, les droits perçus pour la réception des maîtrises et jurandes, ceux du collége de pharmacie, et tous priviléges de professions, sous quelque dénomination que ce soit, sont supprimés (*).

Le comité de judicature proposera incessamment un projet de décret sur le mode et le taux des remboursements des offices mentionnés au présent article.

III.

Les particuliers qui ont obtenu des maîtrises et jurandes, ceux qui exercent des professions en vertu de priviléges ou brevets, remettront au commissaire chargé de la liquidation de la dette publique, leurs titres, brevets et quittances de finance, pour être procédé à la liquidation des indemnités qui leur sont dues, lesquelles indemnités seront réglées sur le pied des fixations de l'édit du mois d'août 1776, et autres subséquents, et à raison seulement des sommes versées au trésor public, de la manière ci-après déterminée.

IV.

Les particuliers reçus dans les maîtrises et jurandes depuis le 4 août 1789, seront rem-

(*) Depuis le 18 brumaire, on a rétabli les fonctions d'agents de change.

boursés de la totalité des sommes versées au trésor public.

A l'égard de ceux dont la réception est antérieure à l'époque du 4 août 1789, il leur sera fait déduction d'un trentième par année de jouissance : cette déduction néanmoins ne pourra s'étendre au-delà des deux tiers du prix total ; et ceux qui jouissent depuis vingt ans et plus, recevront le tiers des sommes fixées par l'édit d'août 1776, et autres subséquents.

Les remboursements ci-dessus énoncés seront faits par la caisse de l'extraordinaire ; mais ils n'auront point lieu pour les particuliers qui auraient renoncé à leur commerce depuis plus de deux ans.

Quant aux particuliers aspirants à la maîtrise, qui justifieront avoir payé des sommes à compte sur le prix de la maîtrise qu'ils voulaient obtenir, et qui, à la faveur de ces paiements, ont joui de la faculté d'exercer leur profession, ils seront remboursés de ces avances, dans les proportions ci-dessus fixées pour les maîtres qui ont payé en entier le prix de la maîtrise.

L O I

Relative aux Assemblées d'ouvriers et artisans de même état et profession.

Paris, le 17 juin 1791.

ARTICLE PREMIER.

L'ANÉANTISSEMENT de toutes les espèces de corporations des citoyens du même état et profession, étant une des bases fondamentales de la constitution française, il est défendu de les rétablir de fait, sous quelque prétexte et sous quelque forme que ce soit.

II.

Les citoyens d'un même état ou profession, les entrepreneurs, ceux qui ont boutique ouverte, les ouvriers et compagnons d'un art quelconque, ne pourront, lorsqu'ils se trouveront ensemble, se nommer ni présidents, ni secrétaires, ni syndics, tenir des registres, prendre des arrêtés ou délibérations, former des réglemens sur leurs prétendus intérêts communs.

III.

Il est interdit à tous corps administratifs ou municipaux, de recevoir aucunes adresses ou pétitions sous la dénomination d'un état ou profession, d'y faire aucune réponse; et il leur est enjoint de déclarer nulles les délibérations qui pourraient être prises de cette manière, et de veiller soigneusement à ce qu'il ne leur soit donné aucune suite ni exécution.

IV.

Si, contre les principes de la liberté et de la constitution, des citoyens attachés aux mêmes professions, arts, et métiers, prenaient des délibérations, ou faisaient entre eux des conventions tendant à refuser de concert, ou à n'accorder qu'à un prix déterminé, le secours de leur industrie ou de leurs travaux, lesdites délibérations et conventions, accompagnées ou non du serment, sont déclarées inconstitutionnelles, attentatoires à la liberté et à la déclaration des droits de l'homme, et de nul effet; les corps administratifs et municipaux seront tenus de les déclarer telles. Les auteurs, chefs et instigateurs qui les auront provoquées, rédigées ou présidées, seront cités devant le tribunal de police, à la requête du procureur de la commune, condamnés chacun en cinq cents livres d'amende, et suspendus pendant un an de l'exercice de tous droits de citoyens actifs, et de l'entrée dans les assemblées primaires.

5.

V.

Il est défendu à tous corps administratifs et municipaux, à peine par leurs membres d'en répondre en leur propre nom, d'employer, admettre ou souffrir qu'on admette aux ouvrages de leurs professions, dans aucuns travaux publics, ceux des entrepreneurs, ouvriers et compagnons qui provoqueraient ou signeraient lesdites délibérations ou conventions, si ce n'est dans le cas où, de leur propre mouvement, ils se seraient présentés au greffe du tribunal de police pour les rétracter ou désavouer.

VI.

Si lesdites délibérations ou convocations, affiches apposées, lettres circulaires, contenaient quelque menaces contre les entrepreneurs, artisans, ouvriers ou journaliers étrangers qui viendraient travailler dans le lieu, ou contre ceux qui se contenteraient d'un salaire inférieur, tous auteurs, instigateurs et signataires des actes ou écrits, seront punis d'une amende de mille livres chacun, et de trois mois de prison.

VII.

Ceux qui useraient de menaces ou de violence contre les ouvriers usant de la liberté accordée par les lois constitutionnelles au travail et à l'industrie, seront poursuivis par la voie criminelle, et punis selon la rigueur des lois, comme perturbateurs du repos public.

VIII.

Tous attroupements composés d'artisans, ouvriers, compagnons, journaliers, ou excités par eux contre le libre exercice de l'industrie et du travail, appartenant à toutes sortes de personnes, et sous toute espèce de conditions convenues de gré à gré, ou contre l'action de la police, et à l'exécution des jugements rendus en cette matière, ainsi que contre les enchères et adjudications publiques de diverses entreprises, seront tenus pour attroupements séditieux, et comme tels ils seront dissipés par les dépositaires de la force publique, sur les requisitions légales qui leur en seront faites, et punis selon toute la rigueur des lois, sur les auteurs, instigateurs et chefs desdits attroupements, et sur tous ceux qui auront commis des voies de fait et des actes de violence.

LOI

Relative aux manufactures, fabriques et ateliers.

Paris, 22 germinal an XI. (12 avril 1803.)

TITRE PREMIER.

Dispositions générales.

ARTICLE PREMIER.

Il pourra être établi, dans les lieux où le gouvernement le jugera convenable, des chambres consultatives de manufactures, fabriques, arts et métiers.

II.

Leur organisation sera faite par un réglement d'administration publique.

III.

Leurs fonctions seront de faire connaître les besoins et les moyens d'amélioration des manufactures, fabriques, arts et métiers.

IV.

Il pourra être fait, sur l'avis des chambres consultatives dont il est parlé en l'article premier, des réglements d'administration publique, relatifs aux produits des manufactures fran-

çaises qui s'exporteront à l'étranger. Ces réglements seront présentés en forme de projet de
loi au corps législatif, dans les trois ans, à
compter du jour de leur promulgation.

V.

La peine de la contravention à ces réglements
sera d'une amende qui ne pourra excéder trois
mille francs, et de confiscation des marchandises.
Les deux peines pourront être prononcées cu-
mulativement ou séparément selon les circonstances.

TITRE II.

De la police des manufactures, fabriques et
ateliers.

VI.

Toute coalition entre ceux qui font travailler
des ouvriers, tendant à forcer injustement et
abusivement l'abaissement des salaires, et suivie
d'une tentative ou d'un commencement d'exécution, sera punie d'une amende de cent francs
au moins, de trois mille francs au plus; et,
s'il y a lieu, d'un emprisonnement qui ne
pourra excéder un mois.

VII.

Toute coalition de la part des ouvriers pour
cesser en même temps de travailler, interdire
le travail dans certains ateliers, empêcher de

s'y rendre et d'y rester avant ou après de certaines heures, et en général pour suspendre, empêcher, enchérir les travaux, sera punie, s'il y a eu tentative ou commencement d'exécution, d'un emprisonnement qui ne pourra excéder trois mois.

VIII.

Si les actes prévus dans l'article précédent ont été accompagnés de violence, voies de fait, attroupements, les auteurs et complices seront punis des peines portées au code de police correctionnelle ou au code pénal, suivant la nature des délits.

TITRE III.

Des obligations entre les ouvriers et ceux qui les emploient.

IX.

Les contrats d'apprentissage, consentis entre majeurs, ou par des mineurs avec le concours de ceux sous l'autorité desquels ils sont placés, ne pourront être résolus, sauf l'indemnité en faveur de l'une ou de l'autre des parties, que dans les cas suivants, 1° d'inexécution des engagements de part ou d'autre; 2ª de mauvais traitements de la part du maître; 3° d'inconduite de la part de l'apprenti; 4° si l'apprenti

s'est obligé à donner, pour tenir lieu de rétribution pécuniaire, un temps de travail dont la
valeur serait jugée excéder le prix ordinaire
des apprentissages.

X.

Le maître ne pourra, sous peine de dommages et intérêts, retenir l'apprenti au-delà de
son temps, ni lui refuser un congé d'acquit
quand il aura rempli ses engagements.

Les dommages et intérêts seront au moins du
triple du prix des journées depuis la fin de
l'apprentissage.

XI.

Nul individu employant des ouvriers, ne
pourra recevoir un apprenti sans congé d'acquit, sous peine de dommages et intérêts envers
son maître.

XII.

Nul ne pourra, sous les mêmes peines, recevoir un ouvrier s'il n'est porteur d'un livret
portant le certificat d'acquit de ses engagements,
délivré par celui de chez qui il sort.

XIII.

La forme de ces livrets et les règles à suivre
pour leur délivrance, leur tenue, et leur renouvellement, seront déterminés par le gouvernement, de la manière prescrite pour les réglements d'administration publique.

XIV.

Les conventions faites de bonne foi entre les ouvriers et ceux qui les emploient, seront exécutées.

XV.

L'engagement d'un ouvrier ne pourra excéder un an, à moins qu'il ne soit contre-maître, conducteur des autres ouvriers, ou qu'il n'ait un traitement et des conditions stipulées par un acte exprès.

TITRE IV.

Des marques particulières.

XVI.

La contrefaçon des marques particulières que tout manufacturier ou artisan a le droit d'appliquer sur les objets de sa fabrication, donnera lieu, 1° à des dommages et intérêts envers celui dont la marque aura été contrefaite; 2° à l'application des peines prononcées contre le faux en écritures privées.

XVII.

La marque sera considérée comme contrefaite quand on y aura inséré ces mots, *façon de....* et à la suite le nom d'un autre fabricant ou d'une autre ville.

XVIII.

Nul ne pourra former action en contre-façon

de sa marque, s'il ne l'a préalablement fait connaître d'une manière légale, par le dépôt d'un modèle au greffe du tribunal de commerce d'où relève le chef-lieu de la manufacture ou de l'atelier.

TITRE V.

De la juridiction.

XIX.

Toutes les affaires de simple police entre les ouvriers et apprentis, les manufacturiers, fabricants et artisans, seront portées, à Paris devant le préfet de police, devant les commissaires-généraux de police dans les villes où il y en a d'établis, et, dans les autres lieux, devant le maire ou un des adjoints.

Ils prononceront sans appel les peines applicables aux divers cas, selon le code de police municipale.

Si l'affaire est du ressort des tribunaux de police correctionnelle ou criminelle, ils pourront ordonner l'arrestation provisoire des prévenus, et les faire traduire devant le magistrat de sûreté.

XX.

Les autres contestations seront portées devant les tribunaux auxquels la connaissance en est attribuée par les lois.

XXI.

En quelque lieu que réside l'ouvrier, la juridiction sera déterminée par le lieu de la situation des manufactures ou ateliers dans lesquels
l'ouvrier aura pris du travail.

*Dispositions du Code Pénal, relatives aux
manufactures, aux ateliers, aux arts et
au commerce.*

ART. 413.

Toute violation des réglements d'administration publique, relatifs aux produits des
manufactures françaises qui s'exporteront à
l'étranger, et qui ont pour objet de garantir
la bonne qualité, les dimensions et la nature
de la fabrication, sera punie d'une amende de
deux cents francs au moins, de trois mille francs
au plus, et de la confiscation des marchandises.
Ces deux peines pourront être prononcées cu-
mulativement ou séparément, selon les circonstances.

414.

Toute coalition entre ceux qui font travailler
des ouvriers, tendant à forcer injustement et
abusivement l'abaissement des salaires, suivie

d'une tentative ou d'un commencement d'exécution, sera punie d'un emprisonnement de six
jours à un mois, et d'une amende de deux
cents francs à trois mille francs.

415.

Toute coalition de la part des ouvriers pour
faire cesser en même temps de travailler, interdire le travail dans un atelier, empêcher de
s'y rendre, et d'y rester avant ou après de certaines heures, et en général pour suspendre,
empêcher, enchérir les travaux, s'il y a eu tentative ou commencement d'exécution, sera
punie d'un emprisonnement d'un mois au moins
et de trois mois au plus.

Les chefs ou moteurs seront punis d'un emprisonnement de deux à cinq ans.

416.

Seront aussi punis de la peine portée par
l'article précédent et d'après les mêmes distinctions, les ouvriers qui auront prononcé des
amendes, des défenses, des interdictions ou
toutes proscriptions sous le nom de damnations
et sous quelque qualification que ce puisse être,
soit contre les directeurs d'ateliers et entrepreneurs d'ouvrages, soit les uns contre les
autres.

Dans le cas du présent article et dans celui
du précédent, les chefs ou moteurs du délit

pourront, après l'expiration de leur peine, être mis sous la surveillance de la haute police pendant deux ans au moins et cinq ans au plus.

417.

Quiconque, dans la vue de nuire à l'industrie française, aura fait passer en pays étranger des directeurs, commis ou des ouvriers d'un établissement, sera puni d'un emprisonnement de six mois à deux ans, et d'une amende de cinquante francs à trois cents francs.

418.

Tout directeur, commis, ouvrier de fabrique, qui aura communiqué à des étrangers ou à des Français résidant en pays étranger, des secrets de la fabrique où il est employé, sera puni de la reclusion, et d'une amende de cinq cents francs à vingt mille francs.

Si ces secrets ont été communiqués à des Français résidant en France, la peine sera d'un emprisonnement de trois mois à deux ans, et d'une amende de seize francs à deux cents francs.

419.

Tous ceux qui, par des faits faux ou calomnieux, semés à dessein dans le public, par des sur-offres faites aux prix que demandaient les vendeurs eux-mêmes, par réunions ou coalitions entre les principaux détenteurs d'une même marchandise ou denrée, tendant à ne la pas vendre ou à ne la vendre qu'à un certain prix, ou qui, par des voies ou moyens frauduleux quelconques, auront opéré la hausse ou la baisse du prix des denrées ou marchandises, ou des papiers et effets publics au-dessus ou au-dessous des prix qu'aurait déterminés la concurrence naturelle et libre du commerce, seront punis d'un emprisonnement d'un mois au moins, d'un an au plus, et d'une amende de cinq cents francs à dix mille francs. Les coupables pourront de plus être mis, par l'arrêt ou le jugement, sous la surveillance de la haute police pendant deux ans au moins et cinq ans au plus.

420.

La peine sera d'un emprisonnement de deux mois au moins et de deux ans au plus, et d'une amende de mille francs à vingt mille francs, si ces manœuvres ont été pratiquées sur grains, grenailles, farines, substances farineuses, pain, vin ou toute autre boisson.

La mise en surveillance qui pourra être prononcée, sera de cinq ans au moins et de dix ans au plus.

421.

Les paris qui auront été faits sur la hausse ou la baisse des effets publics, seront punis des peines portées par l'article 419.

422.

Sera réputée pari de ce genre, toute convention de vendre ou de livrer des effets publics qui ne seront pas prouvés par le vendeur avoir existé à sa disposition au temps de la convention, ou avoir dû s'y trouver au temps de la livraison.

423.

Quiconque aura trompé l'acheteur sur le titre des matières d'or ou d'argent, sur la qualité d'une pierre fausse vendue pour fine, sur la nature de toutes marchandises; quiconque, par usage de faux poids ou de fausses mesures, aura trompé sur la quantité des choses vendues, sera puni de l'emprisonnement pendant trois mois au moins, un an au plus, et d'une amende qui ne pourra excéder le quart des restitutions et dommages et intérêts, ni être au-dessous de cinquante francs.

Les objets du délit, ou leur valeur, s'ils appartiennent encore au vendeur, seront confisqués : les faux poids et les fausses mesures seront aussi confisqués, et de plus seront brisés.

424.

Si le vendeur et l'acheteur se sont servis, dans leurs marchés, d'autres poids ou d'autres mesures que ceux qui ont été établis par les lois de l'état, l'acheteur sera privé de toute action contre le vendeur qui l'aura trompé par l'usage de poids ou de mesures prohibés ; sans préjudice de l'action publique pour la punition tant de cette fraude que de l'emploi même des poids et des mesures prohibés.

La peine, en cas de fraude, sera celle portée par l'article précédent.

La peine, pour l'emploi des mesures et poids prohibés, sera déterminée par le livre IV du présent Code, contenant les peines de simple police.

425.

Toute édition d'écrits, de composition musicale, de dessin, de peinture, ou de toute autre production, imprimée ou gravée en entier ou en partie, au mépris des lois et réglements relatifs à la propriété des auteurs, est une contrefaçon ; et toute contrefaçon est un délit.

426.

Le débit d'ouvrages contrefaits, l'introduction sur le territoire français d'ouvrages qui, après avoir été imprimés en France, ont été contrefaits chez l'étranger, sont un délit de la même espèce.

427.

La peine contre le contrefacteur, ou contre l'introducteur, sera une amende de cent francs au moins et de deux mille francs au plus ; et contre le débitant, une amende de vingt-cinq francs au moins, et de cinq cents francs au plus.

La confiscation de l'édition contrefaite sera prononcée, tant contre le contrefacteur, que contre l'introducteur et le débitant.

Les planches, moules ou matrices des objets contrefaits seront aussi confisqués.

428.

Tout directeur, tout entrepreneur de spectacle, toute association d'artistes, qui aura fait représenter sur son théâtre des ouvrages dramatiques, au mépris des lois et réglements relatifs à la propriété des auteurs, sera puni d'une amende de cinquante francs au moins, de cinq cents francs au plus, et de la confiscation des recettes.

429.

Dans les cas prévus par les quatre articles précédents, le produit des confiscations, ou les recettes confisquées, seront remis au propriétaire pour l'indemniser d'autant du préjudice qu'il aura souffert ; le surplus de son indemnité, ou l'entière indemnité, s'il n'y a eu, ni vente d'objets confisqués, ni saisie de recettes, sera réglé par les voies ordinaires.

Organisation des Chambres consultatives de manufactures, d'arts et de métiers, et indication des villes où ces chambres sont placées.

ARRÊTÉ DU GOUVERNEMENT

Relatif à l'organisation des Chambres consultatives de manufactures, fabriques, arts et métiers.

Le 10 thermidor an XI. (29 juillet 1803.)

ARTICLE PREMIER.

LES chambres consultatives de manufactures, fabriques, arts et métiers, qui seront établies dans les communes désignées par le gouvernement, conformément à l'article Ier de la loi du 22 germinal an XI, seront composées, chacune, de six membres, et présidées par les maires des lieux où elles seront placées : dans les communes où il se trouve plusieurs maires, le préfet présidera la chambre, ou désignera celui qui devra le remplacer.

6.

II.

Nul ne pourra être reçu membre d'une chambre consultative, s'il n'est manufacturier, fabricant, directeur de fabrique, ou s'il n'a exercé une de ces professions pendant cinq ans au moins.

III.

Les fonctions desdites chambres seront uniquement de faire connaître, conformément aux dispositions de l'article III de la loi du 22 germinal, les besoins et les moyens d'amélioration des manufactures, fabriques, arts et métiers.

IV.

Les chambres de commerce rempliront les fonctions précitées, dans les communes où le gouvernement n'aura pas établi de chambres consultatives de manufactures, fabriques, arts et métiers.

V.

Les chambres consultatives enverront leurs projets et mémoires au sous-préfet de leur arrondissement, qui les transmettra avec ses observations au préfet; les préfets seront tenus de les adresser au ministre avec leur avis.

VI.

Pour procéder à la première formation des chambres consultatives, les préfets, et, à leur défaut, les maires dans les villes qui ne sont pas

chefs-lieux de préfecture, réuniront sous leur
présidence, de vingt à trente des fabricants et
manufacturiers les plus distingués par l'importance de leurs établissements, lesquels pro-
céderont par scrutin secret, et à la pluralité
des suffrages, à l'élection des membres qui
doivent composer la chambre.

VII.

Les membres de la chambre seront renouvelés par tiers, tous les ans ; les membres sor-
tants pourront être réélus.

Aux deux premiers renouvellements, le sort
décidera quels sont ceux qui doivent sortir.

Les remplacements se feront par la chambre,
à la majorité absolue des suffrages.

VIII.

Les maires des lieux où il sera établi des
chambres consultatives de manufactures, four-
niront un local convenable pour la tenue de
leurs séances.

IX.

Les menus frais de bureau auxquels cette
tenue donnera lieu, feront partie des dépenses
des communes, et seront portés dans leurs bud-
jets et acquittés sur leurs revenus.

X.

Le ministre de l'intérieur est chargé de l'exécution du présent arrêté, qui sera inséré au
Bulletin des lois.

ARRÈTÉ DU GOUVERNEMENT

Contenant le tableau des Villes et Bourgs où il sera établi des chambres consultatives de manufactures, fabriques, arts et métiers.

Le 12 germinal an XII. (2 avril 1804.)

ARTICLE PREMIER.

IL sera établi des chambres consultatives de manufactures, fabriques, arts et métiers, dans les villes et bourgs désignés au tableau qui est joint au présent arrêté.

II.

Elles seront organisées conformément aux dispositions de l'arrêté du 10 thermidor an XI.

III.

Le ministre de l'intérieur est chargé de l'exécution du présent arrêté, qui sera inséré au Bulletin des lois.

Tableau *des Villes et Bourgs dans lesquels il sera établi des Chambres consultatives de manufactures, fabriques, arts et métiers (*).*

DÉPARTEMENTS.	NOMS des Villes et Bourgs.	DÉPARTEMENTS.	NOMS des Villes et Bourgs.
Ain............	Nantua.	Aube..........	Troyes.
Aisne..........	Saint-Quentin.	Aude..........	Limoux. Chalabre.
Allier..........	Moulins.		
Ardèche........	Annonay.	Aveyron........	Rodez. Saint-Geniez. Saint-Afrique. Milhaud.
Ardennes........	Givet. Sedan. Rethel. Charleville *. Mézières.	Bouches-du-Rhône	Tarascon. Aix.
Ariége..........	Foix.	Calvados........	Caen. Bayeux. Lisieux. Vire.

* Charleville et Mézières seront réunies pour la formation d'une seule et même chambre consultative.

(*) Dans les villes où il y a des chambres de commerce, ces chambres, aux termes de l'arrêté du gouvernement du 10 thermidor, an XI, remplissent les fonctions des chambres consultatives de manufactures, d'arts et de métiers.

Indication *des villes où il a été établi des Chambres de commerce.*

Amiens.   Lille.   Paris.
Avignon.   Lorient.   Larochelle.
Bayonne.   Lyon.   Rouen.
Bordeaux.   Marseille.   Saint-Malo.
Carcassonne.   Montpellier.   Strasbourg.
Dieppe.   Nantes.   Toulouse.
Dunkerque.   Nismes.   Tours.
Le Hâvre.   Orléans.

DÉPARTEMENTS.	NOMS des Villes et Bourgs.	DÉPARTEMENTS.	NOMS des Villes et Bourgs.
Charente........	Angoulême.	Jemmape	Mons. / Tournay.
Côtes-du-Nord...	Loudéac. / Quintin. / Moncontour. / Uzel.	Jura...........	Saint-Claude.
Creuse..........	Aubusson.	Loir-et-Cher.....	Romorentin. / Saint-Aignan.
Drôme..........	Valence. / Romans. / Montélimart. / Crest.	Loire...........	Saint-Étienne. / Roanne. / Saint-Chamond.
Doubs..........	Besançon.	Loire (Haute)...	Le Puy. / Issengeaux.
Dyle...........	Louvain. / Tirlemont. / Nivelles.	Lot	Cahors. / Montauban.
Escaut.........	Saint-Nicolas.	Lot-et-Garonne:.	Agen. / Tonneins. / Nérac.
Eure...........	Louviers. / Bernay. / Pont-Audemer. / Évreux.	Lozère	Mende. / Marvejols. / La Canourgue.
Eure-et-Loir.....	Nogent-le-Rotrou.	Lys...........	Courtray, / Ypres.
Finistère........	Morlaix.	Maine-et-Loire...	Angers. / Cholet. / Saumur.
Gard...........	Sommières. / Saint-Hypolyte. / Le Vigan.	Manche.........	Saint-Lô.
Golo...........	Bastia.	Marne..........	Reims. / Châlons. / Suippe.
Hérault........	Bédarieux. / Lodève. / Clermont. / Ganges.	Mayenne........	Laval. / Mayenne.
Ille-et-Vilaine...	Rennes.	Meurthe	Nancy.
Indre..........	Châteauroux. / Issoudun.	Meuse..........	Bar-sur-Ornain.
Isère..........	Grenoble. / Vienne. / Voyron.	Meuse-Inférieure.	Maestricht. / Venlo. / Hasselt. / Vaels.

DÉPARTEMENTS.	NOMS des Villes et Bourgs.	DÉPARTEMENTS.	NOMS des Villes et bourgs.
Moselle.........	Metz.	Rhin (Haut)....	Mulhausen. Sainte-Marie-aux-Mines.
Nèthes (Deux) ..	Malines. Turnhout.	Rhône.........	Tarare.
Nièvre.........	Nevers. La Charité. Cosne.	Roer..........	Aix-la-Chapelle et Borcette *. Stolberg. Creveld.
Nord..........	Valenciennes. Turcoing. Roubaix.	Sambre-et-Meuse.	Namur.
Oise..........	Beauvais.	Sarre..........	Trèves.
Orne..........	Alençon. L'aigle. Vimoutiers. Tinchebray.	Sarthe.........	Le Mans.
		Seine-Inférieure..	Elbeuf. Yvetot. Bolbec.
Ourte	Huy. Liége. Verviers. Malmedi. Eupen.	Sesia..........	Bielle.
		Sèvres (Deux)...	Niort. Saint-Maixent.
Pas-de-Calais....	Arras. Saint-Omer.	Somme	Abbeville.
Puy-de-Dôme....	Thiers. Ambert.	Tarn..........	Castres. Albi.
Pô............	Carmagnoles. Chieri. Giaveno. Pignerol.	Var...........	Draguignan. Brignolles.
		Vaucluse.	Orange.
		Vienne.........	Poitiers.
Pyrénées (Basses).	Pau. Nay. Orthèz. Oleron.	Vienne (Haute)..	Limoges.
		Vosges.........	Épinal. Mirecourt. Saint-Dié.
Pyrénées (Hautes)	Tarbes. Bagnères.	Yonne..........	Sens.
Rhin (Bas)......	Haguenau.		

* Aix-la-Chapelle et Borcette seront réunies pour la formation d'une seule et même chambre consultative.

*Législation et instructions ministérielles, re-
latives au Livret dont doivent être pourvus
les ouvriers travaillant en qualité de compagnons ou de garçons.*

Paris, le 4 nivose, an XII. (26 décembre 1803.)

LE MINISTRE DE L'INTÉRIEUR,

AUX PRÉFETS DES DÉPARTEMENTS.

DEPUIS long-temps, Monsieur le Préfet,
on réclamait des mesures propres à faire cesser les abus qui se sont introduits dans les ateliers. Les rapports entre les ouvriers et ceux
qui les emploient n'étant pas réglés d'une
manière précise, il en résultait souvent des
contestations préjudiciables à la prospérité de
l'industrie. Le gouvernement a senti tous les
inconvénients d'un pareil état de choses. Déja,
pour y remédier, il avait provoqué la loi du
22 germinal; mais comme, dans certains cas,
elle n'a posé que des principes, il a été nécessaire de les développer par des réglements

particuliers. Je vous ai transmis, le 12 fructidor dernier, l'arrêté qui détermine l'organisation des chambres consultatives de manufactures; je vous adresse aujourd'hui celui que le gouvernement a pris le 9 de ce mois, relativement au livret sur lequel doivent être inscrits les congés délivrés aux ouvriers. Cet arrêté forme le complément des mesures de police qui doivent régir nos fabriques.

En rendant le livret obligatoire, on n'a pas seulement voulu fournir à l'ouvrier les moyens de justifier de sa conduite et de son honnêteté; on s'est encore proposé de donner à ceux qui l'emploient une sorte de garantie de sa fidélité. Il faut que les conventions qui ont pour objet de fixer son salaire et de régler ses obligations soient strictement exécutées. Il arrive souvent qu'il lui est fait des avances sur la promesse qu'il a donnée de travailler pendant un temps déterminé. S'il quitte son atelier avant d'avoir rempli ses engagements, outre la perte qu'il fait éprouver à l'entrepreneur, en ne le remboursant pas de la somme qu'il a reçue, celui-ci peut se trouver dans l'impossibilité de satisfaire à des commandes considérables. Il comptait sur un travail de quelque durée, et il en est privé au moment où il en a le plus besoin. Il n'y a aucune spéculation de négoce qui ne devînt le principe de la ruine de son auteur, si l'on pouvait changer arbitrairement les éléments sur lesquels elle est fondée. Cette considération et le desir d'empêcher l'embauchage des ouvriers, ont fait insérer dans l'arrêté la disposition qui permet à l'entrepreneur d'exiger la remise du livret. Il n'est que trop commun de voir les hommes, qui sont en concurrence dans les diverses professions, user de toutes sortes d'artifices pour déranger les opérations de leurs rivaux, et s'en attirer le profit : ils y réussissent souvent, en débauchant les ouvriers les plus utiles. Des manœuvres aussi répréhensibles, et qui ont excité des plaintes multipliées, devaient être réprimées. Les entrepreneurs ont maintenant les moyens de déjouer celles qu'on pourrait employer pour désorganiser leurs ateliers.

S'il a été juste d'assurer leurs droits, il ne l'a pas été moins de veiller aux intérêts des ouvriers. Il ne saurait entrer dans les vues du gouvernement de favoriser une classe au détriment de l'autre ; et tout ouvrier à qui l'on aura promis de l'ouvrage, pendant un temps déterminé, devra être occupé pendant ce temps, ou recevoir une indemnité. Il ne faut pas non plus qu'on puisse, sans motif légitime, refuser de lui rendre son livret, ou de lui délivrer son congé. La loi doit être égale pour tous, et il serait odieux qu'on tirât parti de son état de dépendance pour exercer à son égard des actes que réprouverait la justice.

J'ai cru, Monsieur le Préfet, devoir vous faire connaître une partie des motifs qui ont engagé le gouvernement à prendre l'arrêté que je vous adresse. Cette connaissance peut vous être utile, en ce qu'elle contribuera à former votre opinion sur le but de l'établissement du livret. Il convient de vous occuper de suite de l'exécution de cet arrêté. Vous rappellerez, à cet effet, aux municipalités de votre département les obligations qu'il leur impose : elles instruiront, de leur côté, les ouvriers de la nécessité où ils sont de se munir du livret. Les ouvriers qui voyageraient sans se l'être procuré étant réputés vagabonds, et devant être arrêtés et punis comme tels, il leur importe de se conformer le plutôt possible, aux dispositions qui les concernent. Ceux des grands établissements devront l'avoir dans la quinzaine qui suivra la publication de l'arrêté. Vous chargerez les maires des communes où il existe de ces établissements, de le notifier aux entrepreneurs.

Je ne fais ici, Monsieur le Préfet, que vous indiquer la marche que vous devez suivre. Si d'autres mesures sont nécessaires, vous prendrez toutes celles que peuvent commander les localités. Veuillez m'accuser la réception de l'arrêté et de ma lettre, auxquels vous donnerez la plus grande publicité.

J'ai l'honneur de vous saluer.

CHAPTAL.

ARRÊTÉ DU GOUVERNEMENT

Relatif au Livret dont les ouvriers travaillant en qualité de compagnons ou de garçons, devront être pourvus.

Le 9 frimaire an XII. (1er décembre 1803)

TITRE PREMIER.

Dispositions générales.

ARTICLE PREMIER.

A compter de la publication du présent arrêté, tout ouvrier travaillant en qualité de compagnon ou de garçon devra se pourvoir d'un livret.

II.

Ce livret sera en papier libre, coté et paraphé

sans frais, savoir : à Paris, Lyon, et Marseille,
par un commissaire de police ; et, dans les
autres villes, par le maire ou l'un de ses adjoints.
Le premier feuillet portera le sceau de la municipalité, et contiendra le nom et le prénom de
l'ouvrier, son âge, le lieu de sa naissance, son
signalement, la désignation de sa profession,
et le nom du maître chez lequel il travaille.

III.

Indépendamment de l'exécution de la loi sur
les passe-ports, l'ouvrier sera tenu de faire
viser son dernier congé par le maire ou son
adjoint, et de faire indiquer le lieu où il se
propose de se rendre.

Tout ouvrier qui voyagerait sans être muni
d'un livret ainsi visé, sera réputé vagabond, et
pourra être arrêté et puni comme tel.

TITRE II.

*De l'inscription des congés sur le livret, et des
obligations imposées à cet égard aux ouvriers,
et à ceux qui les emploient.*

IV.

Tout manufacturier, entrepreneur, et géné-
ralement toutes personnes employant des ouvriers, seront tenus, quand ces ouvriers sortiront de chez eux, d'inscrire sur leurs livrets

un congé portant acquit de leurs engagements, s'ils les ont remplis.

Les congés seront inscrits, sans lacune, à la suite les uns des autres; ils énonceront le jour de la sortie de l'ouvrier.

V.

L'ouvrier sera tenu de faire inscrire le jour de son entrée sur son livret, par le maître chez lequel il se propose de travailler, ou, à son défaut, par les fonctionnaires publics désignés en l'article II, et sans frais, et de déposer le livret entre les mains de son maître, s'il l'exige.

VI.

Si la personne qui a occupé l'ouvrier, refuse, sans motif légitime, de remettre le livret ou de délivrer le congé, il sera procédé contre elle de la manière et suivant le mode établis par le titre V de la loi du 22 germinal an XI. En cas de condamnation, les dommages-intérêts adjugés à l'ouvrier seront payés sur-le-champ.

VII.

L'ouvrier qui aura reçu des avances sur son salaire, ou contracté l'engagement de travailler un certain temps, ne pourra exiger la remise de son livret et la délivrance de son congé, qu'après avoir acquitté sa dette par son travail et rempli ses engagements, si son maître l'exige.

VIII.

S'il arrive que l'ouvrier soit obligé de se retirer parce qu'on lui refuse du travail ou son salaire, son livret et son congé lui seront remis, encore qu'il n'ait pas remboursé les avances qui lui ont été faites : seulement le créancier aura le droit de mentionner la dette sur le livret.

IX.

Dans le cas de l'article précédent, ceux qui emploieront ultérieurement l'ouvrier, feront, jusqu'à entière libération, sur le produit de son travail, une retenue au profit du créancier.

Cette retenue ne pourra, en aucun cas, excéder les deux dixièmes du salaire journalier de l'ouvrier : lorsque la dette sera acquittée, il en sera fait mention sur le livret.

Celui qui aura exercé la retenue, sera tenu d'en prévenir le maître au profit duquel elle aura été faite, et d'en tenir le montant à sa disposition.

X.

Lorsque celui pour lequel l'ouvrier a travaillé ne saura ou ne pourra écrire, ou lorsqu'il sera décédé, le congé sera délivré, après vérification, par le commissaire de police, le maire du lieu ou l'un de ses adjoints, et sans frais.

7

TITRE III.

Des formalités à remplir pour se procurer le livret.

XI.

Le premier livret d'un ouvrier lui sera expédié, 1° sur la présentation de son acquit d'apprentissage, 2° ou sur la demande de la personne chez laquelle il aura travaillé, 3° ou enfin sur l'affirmation de deux citoyens patentés de sa profession, et domiciliés, portant que le pétitionnaire est libre de tout engagement, soit pour raison d'apprentissage, soit pour raison d'obligation de travailler comme ouvrier.

XII.

Lorsqu'un ouvrier voudra faire cotter et parapher un nouveau livret, il représentera l'ancien. Le nouveau livret ne sera délivré qu'après qu'il aura été vérifié que l'ancien est rempli ou hors d'état de servir. Les mentions des dettes seront transportées de l'ancien livret sur le nouveau.

XIII.

Si le livret de l'ouvrier était perdu, il pourra, sur la représentation de son passe-port en règle, obtenir la permission provisoire de travailler, mais sans pouvoir être autorisé à aller dans un autre lieu, et à la charge de donner à l'officier de police du lieu, la preuve qu'il est libre de tout engagement, et tous les renseignements nécessaires pour autoriser la délivrance d'un nouveau livret, sans lequel il ne pourra partir.

XIV.

Le grand-juge, ministre de la justice, et le ministre de l'intérieur, sont chargés de l'exécution du présent arrêté, qui sera inséré au Bulletin des lois.

Arrêté additionnel à celui du 9 frimaire an XII, (1er dcembre 1803) relatif au Livret des ouvriers travaillant en qualité de compagnons ou de garçons.

Paris, le 10 ventôse an XII. (1er mars 1804.)

ARTICLE PREMIER.

L'ARTICLE II de l'arrêté du 9 frimaire dernier, (1er décembre) est applicable aux villes dans lesquelles il a été ou sera établi des commissaires généraux de police; en conséquence, le livret dont les ouvriers, compagnons ou garçons, doivent être pourvus, y sera cotté et paraphé,

7.

sans frais, par un commissaire de police, ainsi qu'à Paris, Lyon et Marseille.

II.

Le grand-juge, ministre de la justice, est chargé de l'exécution du présent arrêté, qui sera inséré au Bulletin des lois.

Paris, le 16 novembre 1809.

LE MINISTRE DE L'INTÉRIEUR,

A MM. LES PRÉFETS DES DÉPARTEMENTS.

On m'assure, Monsieur, que des fabricants se croient autorisés par la loi à inscrire sur le livret de ceux de leurs ouvriers dont ils sont mécontents, des notes défavorables sous le rapport des mœurs et de la probité : ils sont dans l'erreur à cet égard. Un manufacturier n'a point le droit d'entacher arbitrairement un individu. Si l'un de ses ouvriers lui est suspect d'infidélité, ou s'est livré à des manœuvres tendantes à désorganiser ses ateliers, il lui est libre de le traduire devant les tribunaux, seuls juges en pareille matière.

Il n'est pas besoin d'insister sur les inconvénients qui résulteraient d'un autre ordre de choses, et sur la position désavantageuse dans laquelle il placerait l'ouvrier dont le maître n'aurait ni le désintéressement, ni l'esprit d'équité desirables. Un congé qui parlerait d'un ouvrier dans des termes défavorables, lui ôterait la possibilité de trouver de l'ouvrage, et le mettrait dans la nécessité de périr de misère, ou de se livrer à des excès criminels pour se procurer des moyens d'existence. On doit donc, dans les congés délivrés, s'en tenir à une déclaration sur le fait de l'accomplissement des engagements précédemment contractés par le porteur du livret. On aurait tort de croire qu'en ne faisant point mention des motifs de son renvoi ou de sa sortie d'une manufacture, il n'y aura plus moyen de distinguer l'ouvrier fidèle et laborieux de celui qui ne l'est pas. Cette différence sera bientôt aperçue. S'il n'est pas permis d'inscrire sur le livret des notes désavantageuses, rien n'empêche de délivrer des congés favorables. Le silence que le fabricant garde dans le premier cas, prouve, d'une manière évidente, sinon un défaut de conduite, au moins peu de contentement des services de l'ouvrier ; au lieu que dans le second cas, il ne reste pas le moindre doute sur les principes et le zèle de celui qui a obtenu un témoignage particulier de satisfaction. Ainsi s'établit naturellement la différence entre les uns et les autres.

Je me borne à ces développements et à vous rappeler que s'il s'élevait quelques difficultés sur les expressions du congé, elles doivent être renvoyées devant les autorités qu'indique l'article 19, titre V de la loi du 22 germinal an 11, (12 avril 1803) c'est-à-dire, devant le préfet de police à Paris, devant les commissaires-généraux de police dans les villes où il y en a d'établis, et par-tout ailleurs, devant le maire ou l'un de ses adjoints.

Veuillez, Monsieur, m'accuser la réception de ma lettre, et recevoir l'assurance de ma parfaite considération.

MONTALIVET.

Législation relative aux Conseils de Prud'hommes.

Paris, le 1er septembre 1809.

LE MINISTRE DE L'INTÉRIEUR,

A MM. LES PRÉFETS DES DÉPARTEMENTS.

Monsieur, plusieurs préfets m'ont demandé des instructions sur les moyens d'assurer la marche des conseils de prud'hommes. Si je ne leur ai pas répondu plutôt, c'est que je m'occupais de la rédaction d'un projet de décret propre à remplir leurs vues. Ce projet, qui est en douze titres, a été adopté par Sa Majesté le 11 juin dernier. Comme il règle tout ce qui a rapport aux attributions et aux fonctions des conseils, j'ai cru devoir en ordonner l'impression, ainsi que de la loi du 18 mars 1806. Je vous transmets plusieurs exemplaires de cette loi et de ce décret; veuillez en faire remettre .... au conseil de prud'hommes de la ville d................et faire placer les autres dans les archives de la préfecture.

Je n'ai pas besoin de recommander aux
membres des conseils de prud'hommes de porter l'impartialité la plus sévère dans l'exercice
de leurs fonctions, et de se conformer scrupu-
leusement aux dispositions établies par la loi
du 18 mars et le décret du 11 juin ; ils sont
trop éclairés pour ne pas sentir qu'ils seraient
répréhensibles s'ils agissaient autrement. Parmi
les attributions qui leur sont conférées, il en
est deux dont je crois utile de vous entretenir
d'une manière particulière. 1° Ils peuvent faire
des visites pour constater les soustractions de
matières premières qui pourraient avoir eu
lieu, ou les infidélités qui auraient été commises par des teinturiers. 2° Ils sont autorisés
à faire, dans les ateliers, une ou deux inspections par an, afin de prendre des informations
sur le nombre de métiers et d'ouvriers de la
fabrique. Si ces visites et cette inspection ne
sont pas accompagnées des égards et de la
sagesse convenables, elles peuvent être le principe de tracasseries et de vexations. Il importe
donc que, dans ces circonstances, les prud'-
hommes se conduisent de manière à prévenir
toutes les plaintes. Le gouvernement est dans
la résolution de tenir la balance égale. S'il
veut que les ouvriers acquittent leurs engagements et ne fassent aucun tort à ceux qui les

emploient, il ne saurait, d'un autre côté, tolérer qu'on profite de leur état de dépendance pour se permettre, à leur égard, des actes que n'avouerait point la justice.

Veuillez, Monsieur, m'accuser la réception de ma lettre et des exemplaires qui l'accompagnent, et recevez l'assurance de ma parfaite considération.

Nota. Indépendamment de la loi du 18 mars 1806, et du décret du 11 juin 1809, il a été rendu, le 3 août 1810, un autre décret qui donne aux conseils de prud'hommes des attributions plus étendues que celles qu'ils avaient auparavant. Ce décret se trouve à la suite de celui du 11 juin.

LOI

Qui crée un Conseil de Prud'hommes à Lyon, et autorise le gouvernement à former des établissements semblables dans les villes de fabriques où il le jugera convenable.

Paris, 18 mars 1806.

TITRE PREMIER.

Institution et nomination des prud'hommes.

ARTICLE PREMIER.

Il sera établi à Lyon un conseil de prud'-hommes, composé de neuf membres, dont cinq négociants-fabricants, et quatre chefs d'atelier.

II.

Le mode de nomination sera déterminé par un réglement d'administration publique.

III.

Les négociants-fabricants ne pourront être élus prud'hommes, s'ils n'exercent, depuis six ans, dans cet état, ou s'ils ont fait faillite.

Les chefs d'atelier ne pourront être élus pru-d'hommes, s'ils ne savent lire et écrire, s'ils n'ont au moins six ans d'exercice de leur état, ou s'ils sont rétentionnaires de matières don-nées à employer par les ouvriers.

IV.

Le conseil de prud'hommes se renouvellera par tiers chaque année, le premier jour du mois de janvier.

Trois membres, dont un négociant-fabricant et deux chefs d'atelier, seront renouvelés la première année.

Deux négociants-fabricants et un chef d'ate-lier seront renouvelés à chacune des deux an-nées suivantes.

V.

Les membres du conseil de prud'hommes sont toujours rééligibles.

TITRE II.

Des fonctions des prud'hommes.

SECTION PREMIÈRE.

De la conciliation et du jugement des contestations entre les fabricants, ouvriers, chefs d'atelier, com-pagnons et apprentis.

VI.

Le conseil de prud'hommes est institué pour

terminer, par la voie de conciliation, les petits différends qui s'élèvent journellement, soit entre des fabricants et des ouvriers, soit entre des chefs d'atelier et des compagnons ou apprentis.

Il est également autorisé à juger jusqu'à la somme de soixante francs, sans forme ni frais de procédure, et sans appel, les différends à l'égard desquels la voie de conciliation aura été sans effet.

VII.

A cet effet, il sera tenu chaque jour, depuis onze heures du matin jusqu'à une heure, un bureau de conciliation, composé d'un prud'homme fabricant et d'un prud'homme chef d'atelier, devant lesquels se présenteront en personne les parties en contestation.

VIII.

Il se tiendra, une fois par semaine au moins, un bureau général ou conseil de prud'hommes, lequel pourra prononcer, au nombre de cinq membres au moins, ainsi qu'il est dit dans l'article précédent, sur tous les différends qui lui auront été renvoyés par le bureau de conciliation.

IX.

Tout différend portant une somme supérieure à celle de soixante francs, qui n'aura pu être terminé par la voie de conciliation, sera porté devant le tribunal de commerce ou devant les tribunaux compétents.

SECTION II.

Des contraventions aux lois et réglements.

X.

Le conseil de prud'hommes sera spécialement chargé de constater, d'après les plaintes qui pourraient lui être adressées, les contraventions aux lois et réglements nouveaux ou remis en vigueur.

XI.

Les procès-verbaux, dressés par les prud'hommes pour constater ces contraventions, seront renvoyés aux tribunaux compétents, ainsi que les objets saisis.

XII.

Le conseil de prud'hommes constatera également, sur les plaintes qui lui seront portées, les soustractions de matières premières qui pourraient être faites par les ouvriers au préjudice des fabricants, et les infidélités commises par les teinturiers.

XIII.

Les prud'hommes, dans les cas ci-dessus et sur la requisition verbale ou écrite des parties, pourront, au nombre de deux au moins, assistés d'un officier public, dont un fabricant et un chef d'atelier, faire des visites chez les fabricants, chefs d'atelier, ouvriers et compagnons.

Les procès-verbaux constatant les soustractions ou infidélités, seront adressés au bureau général des prud'hommes, et envoyés, ainsi que les objets formant pièces de conviction, aux tribunaux compétents.

SECTION III.

De la conservation de la propriété des dessins.

XIV.

Le conseil de prud'hommes est chargé des mesures conservatrices de la propriété des dessins.

XV.

Tout fabricant qui voudra pouvoir revendiquer par la suite, devant le tribunal de commerce, la propriété d'un dessin de son invention, sera tenu d'en déposer, aux archives du conseil de prud'hommes, un échantillon plié sous enveloppe revêtue de ses cachet et signature, sur laquelle sera également apposé le cachet du conseil de prud'hommes.

XVI.

Les dépôts de dessins seront inscrits sur un registre tenu *ad hoc* par le conseil de prud'-

hommes, lequel délivrera aux fabricants un certificat rappelant le numéro d'ordre du paquet déposé, et constatant la date du dépôt.

XVII.

En cas de contestation entre deux ou plusieurs fabricants sur la propriété d'un dessin, le conseil de prud'hommes procédera à l'ouverture des paquets qui auront été déposés par les parties ; il fournira un certificat indiquant le nom du fabricant qui aura la priorité de date.

XVIII.

En déposant son échantillon, le fabricant déclarera s'il entend se réserver la propriété exclusive pendant une, trois ou cinq années, ou à perpétuité : il sera tenu note de cette déclaration.

A l'expiration du délai fixé par ladite déclaration, si la réserve est temporaire, tout paquet d'échantillon déposé sous cachet dans les archives du conseil, devra être transmis au conservatoire des arts de la ville de Lyon, et les échantillons y contenus être joints à la collection du conservatoire.

XIX.

En déposant son échantillon, le fabricant acquittera entre les mains du receveur de la commune une indemnité qui sera réglée par le

conseil de prud'hommes, et ne pourra excéder
un franc pour chacune des années pendant
lesquelles il voudra conserver la propriété exclusive de son dessin, et sera de dix francs pour
la propriété perpétuelle.

TITRE III.

Des réglemens de compte, et de la police entre
les maîtres d'atelier et les négociants.

X X.

Tous les chefs d'ateliers actuellement établis,
ainsi que ceux qui s'établiront à l'avenir, seront tenus de se pourvoir au conseil de pru-
d'hommes, d'un double livre d'acquit pour
chacun des métiers qu'ils feront travailler, dans
la quinzaine, à dater du jour de la publication
pour ceux qui travaillent, et dans la huitaine
du jour où commenceront à travailler ceux
qu'ils monteront à neuf.

Sur ce livre d'acquit, paraphé et numéroté,
et qui ne pourra leur être refusé lors même
qu'ils n'auraient qu'un métier, seront inscrits
les nom, prénom et domicile du chef d'atelier.

X X I.

Il sera tenu au conseil de prud'hommes un
registre sur lequel lesdits livres d'acquit seront
inscrits; le chef d'atelier signera, s'il le sait, sur

le registre, et sur le livre d'acquit qui lui sera délivré.

XXII.

Le chef d'atelier déposera le livre d'acquit du métier qu'il destinera au négociant-manufacturier, entre ses mains, et pourra, s'il le desire, en exiger un récépissé.

XXIII.

Lorsqu'un chef d'atelier cessera de travailler pour un négociant, il sera tenu de faire noter sur le livre d'acquit, par ledit négociant, que le chef d'atelier a soldé son compte; ou, dans le cas contraire, la déclaration du négociant spécifiera la dette dudit chef d'atelier.

XXIV.

Le négociant, possesseur du livre d'acquit, le fera viser aux autres négociants occupant des métiers dans le même atelier, qui énonceront la somme due par le chef d'atelier, dans le cas où il serait leur débiteur.

XXV.

Lorsque le chef d'atelier restera débiteur du négociant-manufacturier pour lequel il aura cessé de travailler, celui qui voudra lui donner de l'ouvrage fera la promesse de retenir la huitième partie du prix des façons dudit ouvrage, en faveur du négociant dont la créance sera la plus ancienne sur ledit registre, et ainsi succes-

8

sivement, dans le cas où le chef d'atelier aurait cessé de travailler pour ledit négociant,
du consentement de ce dernier ou pour cause
légitime : dans le cas contraire, le négociant-
manufacturier qui voudra occuper le chef d'a-
telier, sera tenu de solder celui qui sera resté
créancier en compte de matières, nonobstant
toute dette antérieure, et le compte d'argent
jusqu'à cinq cents francs.

XXVI.

La date des dettes que les chefs d'atelier auront contractées avec les négociants qui les
auraient occupés, sera regardée comme cer-
taine vis-à-vis des négociants et maîtres d'atelier seulement, et, à l'effet des dispositions
portées au présent titre, après l'apurement des
comptes, l'inscription de la déclaration sur le
livre d'acquit et le visa du bureau des prud'-
hommes.

XXVII.

Lorsqu'un négociant-manufacturier aura
donné de l'ouvrage à un chef d'atelier, dépour-
vu de livre d'acquit pour le métier que le négociant voudra occuper, il sera condamné à
payer comptant tout ce que ledit chef d'atelier
pourrait devoir en compte de matières, et en
compte d'argent jusqu'à cinq cents francs.

XXVIII.

Les déclarations ci-dessus prescrites seront portées par le négociant-manufacturier sur le livre d'acquit resté entre les mains du chef d'atelier, comme sur le sien.

TITRE IV.

Dispositions diverses.

XXIX.

Le conseil de prud'hommes tiendra un registre exact du nombre de métiers existants, et du nombre d'ouvriers de tout genre employés dans la fabrique, pour lesdits renseignements être communiqués à la chambre de commerce toutes les fois qu'il en sera requis.

À cet effet, les prud'hommes sont autorisés à faire dans les ateliers une ou deux inspections par an, pour recueillir les informations nécessaires.

XXX.

Les fonctions des prud'hommes négociants-fabricants sont purement gratuites.

XXXI.

Il sera attaché au conseil de prud'hommes un secrétaire et un commis avec mille francs.

XXXII.

Toutes les fonctions des prud'hommes et de

8.

leur bureau seront entièrement gratuites vis-à-vis des parties ; ils ne pourront réclamer, pour les formalités remplies par eux , d'autres frais que le remboursement du papier et du timbre.

XXXIII.

En cas de plaintes en prévarication portées contre les membres du conseil de prud'hommes, il sera procédé contre eux suivant la forme établie à l'égard des juges.

XXXIV.

Il pourra être établi, par un réglement d'administration publique , délibéré en conseil d'état, un conseil de prud'hommes dans les villes de fabriques où le gouvernement le jugera convenable.

XXXV.

Sa composition pourra être différente selon les lieux ; mais ses attributions seront les mêmes.

DÉCRET

Du 11 juin 1809, suivant la nouvelle rédaction qui en
a été faite le 20 février 1810.

Sur le rapport de notre ministre de l'intérieur ;

Vu la loi du 18 mars 1806, portant création
des conseils de prud'hommes ;

Notre conseil d'état entendu,

Nous avons décrété et décrétons ce qui suit :

TITRE PREMIER.

*Composition des conseils de prud'hommes; mode
et époque du renouvellement de leurs membres.*

ARTICLE PREMIER.

Les conseils de prud'hommes ne seront composés que de marchands-fabricants, de chefs
d'atelier, de contre-maîtres, de teinturiers, ou
d'ouvriers patentés. Le nombre de ceux qui en
feront partie pourra être plus ou moins considérable ; mais, en aucun cas, les chefs d'atelier,
les contre-maîtres, les teinturiers ou les ouvriers,
ne seront égaux en nombre aux marchands-

fabricants ; ceux-ci auront toujours dans le conseil un membre de plus que les chefs d'atelier, les contre-maîtres, les teinturiers ou les ouvriers.

II.

Les conseils de prud'hommes seront établis sur la demande motivée des chambres de commerce ou des chambres consultatives de manufactures. Cette demande sera d'abord communiquée au préfet, qui examinera si elle est de nature à être accueillie. Il la transmettra ensuite à notre ministre de l'intérieur, qui, avant de nous en rendre compte, s'assurera si l'industrie qui s'exerce dans la ville est assez importante pour faire autoriser la création du conseil de prud'hommes.

III.

Les conseils de prud'hommes seront renouvelés en partie, chaque année, le premier jour du mois de janvier, dans les proportions qui suivent :

Si le conseil est composé de cinq membres, il ne sera renouvelé, la première année, qu'un prud'homme marchand-fabricant.

La seconde année, il sera renouvelé un prud'homme marchand-fabricant et un prud'homme chef d'atelier, contre-maître, teinturier ou ouvrier patenté ;

La troisième année, *idem.*

Si le conseil est composé de sept membres, il sera renouvelé, la première année, deux prud'hommes marchands-fabricants et un prud'homme chef d'atelier ou contre-maître, etc.

La deuxième année, un prud'homme marchand-fabricant et un prud'homme chef d'atelier;

La troisième année, *idem.*

Si le conseil est composé de neuf membres, il sera renouvelé, la première année, un prud'homme marchand-fabricant et deux prud'hommes chefs d'atelier;

La deuxième année, deux prud'hommes marchands-fabricants et un prud'homme chef d'atelier;

La troisième année, *idem.*

Si le conseil est composé de quinze membres, il sera renouvelé, la première année, deux prud'hommes marchands-fabricants et un prud'homme chef d'atelier;

La deuxième année, trois prud'hommes marchands-fabricants et trois prud'hommes chefs d'atelier;

La troisième année, *idem.*

Le sort désignera ceux des prud'hommes qui seront renouvelés la première et la deuxième année. Dans les autres années, ce seront les plus anciens nommés.

Les prud'hommes sont toujours rééligibles.

TITRE II.

Attributions et juridiction des conseils de prud'hommes.

SECTION PREMIÈRE.

Des attributions des conseils de prud'hommes.

IV.

Les conseils de prud'hommes seront chargés de veiller à l'exécution des mesures conservatrices de la propriété des marques empreintes aux différents produits de la fabrique.

V.

Tout marchand-fabricant qui voudra pouvoir revendiquer devant les tribunaux la propriété de sa marque, sera tenu d'en adopter une assez distincte des autres marques pour qu'elles ne puissent être confondues et prises l'une pour l'autre.

VI.

Les conseils de prud'hommes réunis sont arbitres de la suffisance ou insuffisance de différence entre les marques déja adoptées et les nouvelles qui seraient déja proposées, ou même entre celles déja existantes ; et, en cas de contestation, elle sera portée au tribunal de commerce, qui prononcera après vu l'avis du conseil de prud'hommes.

VII.

Indépendamment du dépôt, ordonné par l'article 18 de la loi du 22 germinal an 11, au greffe du tribunal de commerce, nul ne sera admis à intenter action en contrefaçon de sa marque, s'il n'a en outre déposé un modèle de cette marque au secrétariat du conseil des prud'hommes.

VIII.

Il sera dressé procès-verbal de ce dépôt sur un registre en papier timbré, ouvert à cet effet, et qui sera cotté et paraphé par le conseil des prud'hommes. Une expédition de ce procès-verbal sera remise au fabricant, pour lui servir de titre contre les contrefacteurs.

IX.

S'il était nécessaire, comme dans les ouvrages de quincaillerie et de coutellerie, de faire empreindre la marque sur des tables particulières, celui à qui elle appartient paiera une somme de six francs entre les mains du receveur de la commune. Cette somme, ainsi que toutes les autres qui seraient comptées pour le même objet, seront mises en réserve, et destinées à faire l'acquisition des tables et à les entretenir.

SECTION II.

De la juridiction des conseils de prud'hommes.

X.

Nul ne sera justiciable des conseils de prud'hommes, s'il n'est marchand-fabricant, chef d'atelier, contre-maître, teinturier, ouvrier, compagnon ou apprenti : ceux-ci cesseront de l'être dès que les contestations porteront sur des affaires autres que celles qui sont relatives à la branche d'industrie qu'ils cultivent, et aux conventions dont cette industrie aura été l'objet. Dans ce cas, ils s'adresseront aux juges ordinaires.

XI.

La juridiction des conseils de prud'hommes s'étend sur tous les marchands-fabricants, les chefs d'atelier, contre-maîtres, teinturiers, ouvriers, compagnons et apprentis travaillant pour la fabrique du lieu ou du canton de la situation de la fabrique, suivant qu'il sera exprimé dans les décrets particuliers d'établissement de chacun de ces conseils à raison des localités, quel que soit l'endroit de la résidence desdits ouvriers.

XII.

Les conseils de prud'hommes ne connaîtront que comme arbitres, des contestations entre fabricants ou marchands pour les marques, comme il est dit article 6; et entre un fabricant et ses ouvriers contre-maîtres, des difficultés relatives aux opérations de la fabrique.

TITRE III.

Mode de nomination et d'installation des pru-d'hommes.

XIII.

Les prud'hommes seront élus dans une assemblée générale tenue à cet effet : cette assemblée sera convoquée huit jours à l'avance par le préfet, présidée par lui ou par celui des fonctionnaires publics de l'arrondissement qu'il désignera.

XIV.

Tout marchand-fabricant, tout chef d'atelier, tout contre-maître, tout teinturier, tout ouvrier désigné dans la loi du 18 mars 1806, qui voudra voter dans l'assemblée, sera tenu de se faire inscrire sur un registre à ce destiné, qui sera ouvert à l'hôtel-de-ville. Nul ne sera inscrit que sur la présentation de sa patente : les faillis seront exclus.

XV.

Pour la première année seulement de la création du conseil, le maire dressera la liste des votants qui seront seuls admis à l'assemblée.

XVI.

En cas de contestation sur le droit d'assistance à l'assemblée, soit cette année, soit les années suivantes, il sera statué, par le préfet, sauf le recours à notre conseil d'état.

XVII.

Il sera nommé par le préfet ou par celui des fonctionnaires publics qu'il aura désigné pour présider l'assemblée, un secrétaire et deux scrutateurs. L'élection des prud'hommes sera faite au scrutin individuel, à la majorité absolue des suffrages : nul ne peut être élu s'il n'a trente ans accomplis.

XVIII.

Afin de remplacer les prud'hommes qui viendraient à mourir ou à donner leur démission pendant l'exercice de leurs fonctions, il sera nommé deux suppléants, dont l'un sera choisi parmi les marchands-fabricants, et l'autre, parmi les chefs d'atelier, les contre-maîtres, les teinturiers ou les ouvriers patentés.

XIX.

L'élection terminée, il en sera dressé procès-verbal, qui sera déposé à la mairie. L'assemblée ne pourra délibérer, ni s'occuper d'aucune autre chose que de l'élection.

XX.

Les prud'hommes prêteront entre les mains du préfet ou du fonctionnaire public qui le remplacera, serment d'obéissance aux lois, de fidélité au souverain, et de remplir leurs devoirs avec zèle et intégrité.

TITRE IV.

Du bureau particulier et du bureau général des prud'hommes.

XXI.

Le bureau particulier des prud'hommes sera composé de deux membres, dont l'un sera marchand-fabricant, et l'autre chef d'atelier, contremaître, teinturier ou ouvrier patenté.

Dans les villes où le conseil est de cinq ou de sept membres, ce bureau s'assemblera tous les deux jours, depuis onze heures du matin jusqu'à une heure.

Si le conseil est composé de neuf ou de quinze membres, le bureau particulier tiendra, tous les jours, une séance qui commencera et finira aux mêmes heures.

XXII.

Les fonctions du bureau particulier sont de

concilier les parties : s'il ne le peut, il les renverra devant le bureau général.

XXIII.

Le bureau général se réunira une fois par
semaine au moins. Il prendra connaissance de
toutes les affaires qui n'auraient pu être ter-
minées par la voie de conciliation, quelle que
soit la quotité de la somme dont elles seraient
l'objet : mais ses jugements ne seront définitifs
qu'autant qu'ils porteront sur des différends
qui n'excéderont pas soixante francs en principal et en accessoires. Dans tous autres cas, il
sera libre d'en appeler.

XXIV.

Le bureau général ne pourra prendre de
délibérations que dans une séance où les deux
tiers au moins de ses membres se trouveront
présents.

Ses délibérations seront formées par l'avis de
la majorité absolue des membres présents (de
la moitié plus un).

XXV.

Il sera nommé, par le bureau général des
prud'hommes, un président et un vice-président. Ce président et ce vice-président ne seront en exercice que pendant une année, à
l'expiration de laquelle il sera procédé à une
nouvelle élection : l'un et l'autre sont toujours
rééligibles.

XXVI.

Il sera attaché au bureau général des prud'-
hommes un secrétaire, pour avoir soin des papiers et tenir la plume pendant leurs séances ;
il sera nommé à la majorité absolue des suffrages : il pourra être révoqué à volonté ;
mais, dans ce cas, la délibération devra être
signée par les deux tiers des prud'hommes.

XXVII.

Les jugements rendus par le bureau général
des prud'hommes, lorsque les parties n'auront
pu être conciliées par le bureau particulier,
seront mis à exécution vingt-quatre heures après
la signification, et provisoirement, sauf l'appel
devant le tribunal de commerce, ou, à défaut
de tribunal de commerce, devant le tribunal de
première instance. Ils seront signés par le président ou le vice-président, et contre-signés par
le secrétaire. Ils seront signifiés à la partie condamnée, par un huissier qui sera attaché au
conseil des prud'hommes.

XXVIII.

Dans les cas urgents, les conseils de prud'-
hommes, de même les bureaux particuliers,
pourront ordonner telles mesures qui seront
jugées nécessaires, pour empêcher que les objets qui donnent lieu à une réclamation ne
soient enlevés, ou déplacés, ou détériorés.

TITRE V.

Des citations.

XXIX.

Tout marchand-fabricant, tout chef d'atelier, tout contre-maître, tout teinturier, tout ouvrier, compagnon ou apprenti, appelé devant les prud'hommes, sera tenu, sur une simple lettre de leur secrétaire, de s'y rendre en personne au jour et à l'heure fixés, sans pouvoir se faire remplacer, hors le cas d'absence ou de maladie : alors seulement, il sera admis à se faire représenter par l'un de ses parents, négociant ou marchand exclusivement, porteur de sa procuration.

XXX.

Si le particulier qui aurait été invité par le secrétaire à se rendre au bureau particulier ou au bureau général des prud'hommes ne paraît point, il lui sera envoyé une citation, qui lui sera remise par l'huissier attaché au conseil. Cette citation, qui contiendra la date des jour, mois et an, les nom, profession et domicile du demandeur, les nom et demeure du défendeur, énoncera sommairement les motifs qui le font appeler.

XXXI.

La citation sera notifiée au domicile du défendeur, et il y aura un jour au moins entre celui où elle aura été remise et le jour indiqué pour la comparution, si la partie est domiciliée dans la distance de trois myriamètres; si elle est domiciliée au-delà de cette distance, il sera ajouté un jour pour trois myriamètres.

Dans le cas où les délais n'auraient pas été observés, si le défendeur ne paraît point, les prud'hommes ordonneront qu'il lui soit envoyé une nouvelle citation. Alors les frais de la première citation seront à la charge du demandeur.

TITRE VI.

Des séances du bureau particulier et du bureau général des prud'hommes, et de la comparution des parties.

XXXII.

Au jour fixé par la lettre du secrétaire ou par la citation de l'huissier, les parties comparaîtront devant le bureau particulier des prud'hommes, sans pouvoir être admises à faire signifier aucunes défenses.

XXXIII.

Elles seront tenues de s'expliquer avec modération et de se conduire avec respect : si elles ne le font point, elles seront d'abord rappelées

9

à leurs devoirs par un avertissement du prud'-
homme marchand-fabricant. En cas de récidive,
le bureau particulier pourra les condamner à
une amende, qui n'excédera pas dix francs,
avec affiche du jugement dans la ville où siége
le conseil.

XXXIV.

Dans le cas d'insulte ou d'irrévérence grave,
le bureau particulier en dressera procès-verbal,
et pourra condamner celui qui s'en sera rendu
coupable, à un emprisonnement dont la durée
ne pourra excéder trois jours.

XXXV.

Les jugements, dans les cas prévus par les
deux articles précédents, seront exécutoires par
provision.

XXXVI.

Les parties seront d'abord entendues contradictoirement. Le bureau particulier ne négli-
gera rien pour les concilier : s'il ne peut y
parvenir, il les renverra, ainsi qu'il est dit à
l'article 22, devant le bureau général, qui sta-
tuera sur-le-champ.

XXXVII.

Lorsque l'une des parties déclarera vouloir
s'inscrire en faux, déniera l'écriture, ou déclarera ne pas la reconnaître, le président du bureau général lui en donnera acte ; il paraphera

la pièce, et renverra la cause devant les juges auxquels en appartient la connaissance.

XXXVIII.

L'appel des jugements des conseils de prud'-hommes ne sera pas recevable après les trois mois de la signification faite par l'huissier, attaché à ces conseils.

XXXIX.

Les jugements des conseils de prud'hommes, jusqu'à concurrence de trois cents francs, seront exécutoires par provision, nonobstant l'appel, et sans qu'il soit besoin, par la partie qui aura obtenu gain de cause, de fournir caution.

XL.

Les minutes de tout jugement seront portées par le secrétaire sur la feuille de la séance, signées par les prud'hommes qui auront été présents, et contre-signées par lui.

TITRE VII.

Des jugements par défaut, et des oppositions à ces jugements.

XLI.

Si, au jour indiqué par la lettre du secrétaire, ou par la citation de l'huissier, l'une des parties ne comparaît pas, la cause sera jugée par défaut, sauf l'envoi d'une nouvelle citation dans le cas prévu au dernier paragraphe de l'article 31.

XLII.

La partie condamnée par défaut pourra former opposition dans les trois jours de la signification faite par l'huissier du conseil : cette opposition contiendra sommairement les moyens de la partie, et assignation au premier jour de séance du conseil des prud'hommes, en observant toutefois les délais prescrits pour les citations; elle indiquera en même temps les jour et heure de la comparution, et sera notifiée ainsi qu'il est dit ci-dessus.

XLIII.

Si le conseil de prud'hommes sait par lui-même ou par les représentations qui lui seront faites par les proches, voisins ou amis du défendeur, que celui-ci n'a pu être instruit de la contestation, il pourra, en adjugeant le défaut, fixer, pour le délai de l'opposition, le temps qui lui paraîtra convenable; et, dans le cas où la prorogation n'aurait été ni accordée d'office, ni demandée, le défaillant pourra être relevé de la rigueur du délai, et admis à opposition, en justifiant qu'à raison d'absence ou de maladie grave, il n'a pu être instruit de la contestation.

XLIV.

La partie opposante qui se laisserait juger une seconde fois par défaut, ne sera plus admise à former une nouvelle opposition.

TITRE VIII.

Des jugements qui ne sont pas définitifs, et de leur exécution.

XLV.

Les jugements qui ne seront pas définitifs, ne seront point expédiés, quand ils auront été rendus contradictoirement, et prononcés en présence des parties.

Dans le cas où le jugement ordonnerait une opération à laquelle les parties devraient assister, il indiquera le lieu, le jour et l'heure, et la prononciation vaudra citation.

XLVI.

Toutes les fois qu'un ou plusieurs prud'-hommes jugeront devoir se transporter dans une manufacture ou dans des ateliers, pour apprécier, par leurs propres yeux, l'exactitude de quelques faits qui auraient été allégués, ils seront accompagnés de leur secrétaire, qui apportera la minute du jugement préparatoire.

XLVII.

Il n'y aura lieu à l'appel des jugements préparatoires qu'après le jugement définitif, et conjointement avec l'appel de ce jugement; mais l'exécution des jugements préparatoires ne portera aucun préjudice aux droits des parties sur l'appel, sans qu'elles soient obligées de faire à cet égard aucune protestation, ni réserve.

TITRE IX.

Des enquêtes.

XLVIII.

Si les parties sont contraires en faits de nature à être constatés par témoins, et dont le conseil de prud'hommes trouve la vérification utile et admissible, il ordonnera la preuve et en fixera précisément l'objet.

XLIX.

Au jour indiqué, les témoins, après avoir dit leurs noms, profession, âge et demeure, feront le serment de dire la vérité, et déclareront s'ils sont parents ou alliés des parties, et à quel degré, et s'ils sont leurs serviteurs ou leurs domestiques.

L.

Ils seront entendus séparément, hors comme en présence des parties, ainsi que le conseil l'avisera bien : les parties seront tenues de fournir leurs reproches avant la déposition, et de les signer ; si elles ne le savent, ou ne le peuvent, il en sera fait mention.

LI.

Les parties n'interrompront point les témoins. Après la déposition, le président du conseil des prud'hommes pourra, sur la réquisition des parties, et même d'office, faire aux témoins les interpellations qu'il jugera convenables.

LII.

Dans les causes sujettes à l'appel, le secrétaire du conseil dressera procès-verbal de l'audition des témoins : cet acte contiendra leurs noms, prénoms, âge, profession et demeure, leur serment de dire la vérité, leur déclaration s'ils sont parents, alliés, serviteurs ou domestiques des parties, et les reproches qui auraient été fournis contre eux. Lecture de ce procès-verbal sera faite à chaque témoin pour la partie qui le concerne ; il signera sa déposition, ou mention sera faite qu'il ne sait ou ne peut signer. Le procès-verbal sera en outre signé par le président du conseil, et contre-signé par le secrétaire. Il sera procédé immédiatement au jugement, ou, au plus tard, à la première séance.

LIII.

Dans les causes de nature à être jugées en dernier ressort, il ne sera point dressé de procès-verbal ; mais le jugement énoncera les noms, âge, profession et demeure des témoins, leur serment, leur déclaration s'ils sont parents, alliés, serviteurs ou domestiques des parties, les reproches, et le résultat des dépositions.

TITRE X.

De la récusation des prud'hommes.

LIV.

Un ou plusieurs prud'hommes pourront être récusés,

1º Quand ils auront un intérêt personnel à la contestation ;

2º Quand ils seront parents, ou alliés de l'une des parties jusqu'au degré de cousin germain inclusivement ;

3º Si, dans l'année qui a précédé la récusation, il y a eu procès criminel entre eux et l'une des parties ou son conjoint, ou ses parents et alliés en ligne directe ;

4º S'il y a procès civil existant entre eux et l'une des parties ou son conjoint ;

5º S'ils ont donné un avis écrit dans l'affaire.

LV.

La partie qui voudra récuser un ou plusieurs prud'hommes, sera tenue de former la récusation, et d'en exposer les motifs par un acte qu'elle fera signifier au secrétaire du conseil par le premier huissier requis. L'exploit sera signé, sur l'original et la copie, par la partie ou son fondé de pouvoir. La copie sera déposée sur le bureau du conseil, et communiquée immédiatement au prud'homme qui sera récusé.

LVI.

Le prud'homme sera tenu de donner au bas de cet acte, dans le délai de deux jours, sa déclaration par écrit, portant ou son acquiescement à la récusation, ou son refus de s'abstenir, avec ses réponses aux moyens de récusation.

LVII.

Dans les trois jours de la réponse du prud'homme qui refuse de s'abstenir, ou faute par lui de répondre, une expédition de l'acte de récusation et de la déclaration du prud'homme, s'il y en a, sera envoyée par le président du conseil au président du tribunal de commerce dans le ressort duquel le conseil est situé. La récusation y sera jugée en dernier ressort dans la huitaine, sans qu'il soit besoin d'appeler les parties.

TITRE XI.

Des sommes qui seront payées aux secrétaires des conseils de prud'hommes, aux greffiers des tribunaux de commerce, et aux huissiers.

LVIII.

Les parties pourront toujours se présenter volontairement devant les prud'hommes, pour être conciliées par eux : dans ce cas, elles seront tenues de déclarer qu'elles demandent leurs bons offices. Cette déclaration sera signée par elles, ou mention en sera faite, si elles ne savent signer. Il ne sera rien payé pour cet objet.

LIX.

Il sera payé aux secrétaires des conseils de prud'hommes les sommes suivantes :

Pour la lettre d'invitation de se rendre au conseil, trente centimes, ci......... 0^f 30^c

Pour chaque rôle d'expédition qu'ils délivreront, et qui contiendra vingt lignes à la page et dix syllabes à la ligne, quarante centimes, ci...................... 0^f 40^c

Pour l'expédition du procès-verbal qui constatera que les parties n'ont pu être conciliées, et qui ne doit contenir qu'une mention sommaire qu'elles n'ont pu s'accorder, quatre-vingts centimes, ci.................. o^f^ 80^c^

Pour l'expédition du procès-verbal qui constatera le dépôt du modèle d'une marque, trois francs, ci...................... 3^f^ 00^c^

LX.

Il est alloué les sommes suivantes,

Au greffier du tribunal de commerce, pour l'expédition du procès-verbal qui constatera le dépôt du modèle d'une marque, trois francs, ci............................... 3^f^ 00^c^

A l'huissier attaché au conseil des prud'hommes, pour chaque citation, un fr. vingt-cinq centimes, ci.................. 1^f^ 25^c^

Au même, pour la signification d'un jugement, un franc soixante - quinze centimes, ci............................ 1^f^ 75^c^

S'il y a une distance de plus d'un demi-myriamètre entre la demeure de l'huissier et le lieu où devront être remises la citation et la signification, il sera payé par myriamètre, aller et retour,

Pour la citation, un franc soixante-quinze centimes, ci..................... 1^f^ 75^c^

Pour la signification, deux fr. ci... 2^f^ 00^c^

Pour la copie des pièces qui pourra être donnée avec les jugements rendus, il sera payé à l'huissier, par chaque rôle d'expédition de vingt lignes à la page et de dix syllabes à la ligne, vingt centimes, ci............. 0ᶠ 20ᶜ

LXI.

Il sera taxé aux témoins entendus par les conseils de prud'hommes, une somme équivalente à une journée de travail, même à une double journée, si le témoin a été obligé de se faire remplacer dans sa profession. Cette taxation est laissée à la prudence des conseils et des maires.

Si le témoin n'a pas de profession, il lui sera taxé deux francs, ci............... 2ᶠ 00ᶜ

Il ne lui sera point passé de frais de voyage, s'il est domicilié dans le canton où il est entendu. S'il est domicilié hors du canton et à une distance de plus de deux myriamètres et demi du lieu où il fera sa déposition, il lui sera alloué, autant de fois une somme double de journée de travail, ou une somme de quatre francs, qu'il y aura de fois cinq myriamètres de distance entre son domicile et le lieu où il aura déposé.

LXII.

Au moyen de la taxation dont il est question dans les articles 59, 60 et 61, les frais de papier, de registre et d'expédition seront à la charge des secrétaires des conseils de prud'hommes et des greffiers des tribunaux de commerce.

LXIII.

Tout secrétaire de conseils de prud'hommes, tout greffier de tribunaux de commerce, tout huissier, convaincu d'avoir exigé une taxe plus forte que celle qui leur est allouée, sera puni comme concussionnaire.

TITRE XII.

DISPOSITIONS GÉNÉRALES.

SECTION PREMIÈRE.

De l'inspection des prud'hommes dans les ateliers, et du livret dont les ouvriers doivent être pourvus.

LXIV.

L'inspection dans les ateliers, autorisée par l'article 29, titre IV de la loi du 18 mars 1806, n'aura lieu qu'après que le propriétaire de l'atelier aura été prévenu deux jours avant celui où les prud'hommes devront se rendre dans son domicile : celui-ci est tenu de leur donner un état exact du nombre de métiers qu'il a en activité, et des ouvriers qu'il occupe.

LXV.

L'inspection des prud'hommes a pour objet unique d'obtenir des informations sur le nombre de métiers et d'ouvriers; et, en aucun cas, ils ne peuvent en profiter pour exiger la communication des livres d'affaires et des procédés nouveaux de fabrication que l'on voudrait tenir secrets.

LXVI.

Si, pour effectuer leur inspection, les prud'-hommes ont besoin du concours de la police municipale, cette police est tenue de leur fournir tous les renseignements et toutes les facilités qui sont en son pouvoir.

LXVII.

Les conseils de prud'hommes ne peuvent s'immiscer dans la délivrance des livrets dont les ouvriers doivent être pourvus aux termes de la loi du 22 germinal de l'an 11 (12 avril 1804). Cette attribution est exclusivement réservée aux maires ou à leurs adjoints.

SECTION II.

Du local où seront placés les conseils de prud'hommes, et des frais qu'entraînera la tenue de leurs séances.

LXVIII.

Le local nécessaire aux conseils de prud'-hommes, pour la tenue de leurs séances, sera fourni par les villes où ils seront établis.

LXIX.

Les dépenses de premier établissement seront pareillement acquittées par ces villes; il en sera de même des dépenses ayant pour objet le chauffage, l'éclairage et les autres menus frais.

LXX.

Le président du conseil des prud'hommes présentera, chaque année, au maire, l'état des dépenses désignées dans l'article ci-dessus. Celui-ci les comprendra dans son budget; et, lorsqu'elles auront été approuvées, il en ordonnancera le paiement d'après les demandes particulières qui lui seront faites.

LXXI.

Notre grand-juge ministre de la justice, et notre ministre de l'intérieur, sont chargés, chacun en ce qui le concerne, de l'exécution du présent décret, qui sera inséré au bulletin des lois.

DÉCRET

Concernant la Juridiction des Prud'hommes.

Le 3 août 1810.

TITRE PREMIER.

De la juridiction des prud'hommes pour les intérêts civils.

ARTICLE PREMIER.

LES conseils de prud'hommes sont autorisés à juger toutes les contestations qui naîtront entre les marchands-fabricants, chefs d'atelier, contre-maîtres, ouvriers, compagnons et apprentis, quelle que soit la quotité de la somme dont elles seraient l'objet, aux termes de l'article 23 du décret du 11 juin 1809.

II.

Leurs jugements seront définitifs et sans appel, si la condamnation n'excède pas cent francs en capital et accessoires.

Au-dessus de cent francs, ils seront sujets à l'appel devant le tribunal de commerce de l'arondissement; et, à défaut de tribunal de tribunal de commerce, devant le tribunal civil de première instance.

III.

Les jugements des conseils de prud'hommes, jusqu'à concurrence de trois cents francs, seront exécutoires par provision, nonobstant appel, aux termes de l'article 39 du décret du 11 juin 1809, et sans qu'il soit besoin, pour la partie qui aura obtenu gain de cause, de fournir caution.

Au-dessus de trois cents francs, ils seront exécutoires, par provision, en fournissant caution.

TITRE II.

Attributions des prud'hommes en matière de police.

IV.

Tout délit tendant à troubler l'ordre et la discipline de l'atelier, tout manquement grave des apprentis envers leurs maîtres, pourront être punis, par les prud'hommes, d'un emprisonnement qui n'excédera pas trois jours, sans préjudice de l'exécution de l'article 19, titre V de la loi du 22 germinal an XI, et de la concurrence des officiers de police et des tribunaux.

L'expédition du prononcé des prud'hommes, certifiée par leur secrétaire, sera mise à exécution par le premier agent de police, ou de la force publique, sur ce requis.

V.

Notre grand-juge ministre de la justice, et notre ministre de l'intérieur sont chargés, chacun en ce qui le concerne, de l'exécution du présent décret, qui sera inséré au Bulletin des lois.

Législation pour des branches particulières d'industrie.

Extrait de la loi du 23 nivôse an II, (12 janvier 1794) relative aux entrepreneurs et ouvriers des manufactures de papier.

ART. V.

LES coalitions entre ouvriers des différentes manufactures , par écrit ou par émissaires, pour provoquer la cessation du travail, seront regardées comme des atteintes portées à la tranquillité qui doit régner dans les ateliers : chaque ouvrier pourra individuellement dresser ses plaintes et former ses demandes; mais il ne pourra, en aucun cas, cesser le travail, sinon pour cause de maladie ou infirmités dûment constatées.

VI.

Les amendes entre ouvriers, celles mises par eux sur les entrepreneurs seront considérées et punies comme simple vol. Les proscriptions,

10.

défenses et interdictions, connues sous le nom de *damnations*, seront regardées comme des atteintes portées à la propriété des entrepreneurs ; ceux-ci seront tenus de dénoncer à l'agent national de l'administration du district les auteurs ou instigateurs de ces délits, qui seront mis sur-le-champ en état d'arrestation.

VII.

Nul ouvrier papetier ne pourra quitter l'atelier dans lequel il travaille, sans avoir prévenu l'entrepreneur devant deux témoins, six semaines d'avance, et celui-ci ne pourra congédier un ouvrier sans la même formalité, sinon pour cause de négligence ou inconduite dûment constatée par la municipalité du lieu.

VIII.

Nul ouvrier ne pourra passer d'une manufacture à l'autre sans un passe-port signé par les représentants du peuple près lesdites manufactures dans lesquelles se fabrique le papier-assignat, et dans les autres, par la municipalité, et visé par l'administration du district.

IX.

Les entrepreneurs de papeteries pourront employer indistinctement tous les citoyens qu'ils jugeront propres au service de leurs ateliers ; ils sont invités à former des élèves ou apprentis, qui seront aussi pris indistinctement

parmi les enfants de tous les citoyens. Les ouvriers ne pourront, sous aucun prétexte, se
dispenser de leur montrer leur métier. Les dépenses d'apprentissage seront aux frais des parents desdits élèves ou apprentis, au profit des
ouvriers , et ne pourront excéder cinquante
livres par an.

ARRÊTÉ DU DIRECTOIRE EXÉCUTIF

Contenant réglement pour la police des papeteries.

Le 16 fructidor an IV. (2 septembre 1796.)

L<small>E</small> Directoire exécutif, considérant que le décret de la Convention nationale, du 21 septembre 1792, veut que *jusqu'à ce qu'il en ait été autrement ordonné, les lois non abrogées continuent provisoirement d'être exécutées;* qu'ainsi il maintient celles des dispositions du réglement du 29 janvier 1739, concernant les ouvriers papetiers, auxquelles il n'a pas été dérogé postérieurement; que cependant, au mépris de ces dispositions et de celles des 17 juin 1791 et 23 nivose an II (12 janvier 1794), les ouvriers papetiers continuent d'observer entre eux des usages contraires à l'ordre public, de chômer des fêtes de coteries ou de confréries, de s'imposer mutuellement des amendes, de provoquer la cessation absolue des travaux des ateliers, d'en interdire l'entrée à plusieurs d'entre eux, d'exiger des sommes exorbitantes des propriétaires, entrepreneurs ou chefs de manufactures de papiers, pour se relever des proscriptions ou interdictions de leurs ateliers, connues sous le nom de *damnations* ;

Considérant qu'il est urgent de réprimer ces désordres, en faisant exécuter les lois qui en punissent les auteurs, et par-là de dégager le commerce, l'industrie et le droit de propriété, des entraves et des vexations de la malveillance ;

Arrête ce qui suit :

ARTICLE PREMIER.

Toutes coalitions entre ouvriers des différentes manufactures de papiers, par écrit ou par émissaires, pour provoquer la cessation du travail, sont regardées comme des atteintes portées à la tranquillité qui doit régner dans les ateliers. (*Loi du* 23 *nivose an II* [12 janvier 1794], *art. V.*)

Les délibérations qu'ils prendraient ou conventions qu'ils feraient entre eux pour refuser de concert, ou n'accorder qu'à un prix déterminé, le secours de leur industrie ou de leurs travaux, sont déclarées inconstitutionnelles, attentatoires à la liberté, et de nul effet ; les corps administratifs seront tenus de les dé-

clarer telles. Les auteurs, chefs et instigateurs
qui les auront provoquées, rédigées ou présidées, seront cités devant le tribunal correctionnel, à la requête du commissaire du Directoire exécutif près l'administration municipale,
et condamnés chacun à cinq cents livres d'a-
mende. *(Loi du* 17 *juin* 1791, *art. IV.)*

II.

Néanmoins chaque ouvrier pourra individuellement dresser des plaintes et former ses
demandes; mais il ne pourra, en aucun cas,
cesser le travail, sinon pour cause de maladie
ou infirmités dûment constatées. *(Loi du* 23
nivose an II [12 janvier 1794], *art. V.)*

III.

Si lesdites délibérations ou convocations,
affiches apposées ou lettres circulaires, contenaient quelques menaces contre les entrepreneurs, artisans, ouvriers ou journaliers
étrangers qui viendraient travailler dans le
lieu, ou contre ceux qui se contenteraient
d'un salaire inférieur; tous auteurs, instigateurs et signataires desdits actes ou écrits seront punis d'une amende de mille livres chacun, et de trois mois de prison. *(Loi du* 17 *juin*
1791, *art. VI.)*

IV.

Les amendes entre ouvriers, celles mises par

eux sur les entrepreneurs, seront considérées et punies comme simple vol. *(Loi du* 23 *nivose* [12 janvier], *art. VI.)*

Le simple vol est, outre les restitutions et dommages-intérêts, puni d'un emprisonnement qui ne peut excéder deux ans : la peine est double en cas de récidive. *(Loi du* 19 *juillet* 1791, *titre II, art. XXXII.)*

V.

Les proscriptions, défenses et interdictions connues sous le nom de *damnations*, seront regardées comme des atteintes portées à la propriété des entrepreneurs ; ceux-ci seront tenus de dénoncer au juge de paix les auteurs ou instigateurs de ces délits, qui seront mis sur-le-champ en état d'arrestation, et poursuivis, à la requête du commissaire du pouvoir exécutif près l'administration municipale du canton, devant le tribunal correctionnel de l'arrondissement, pour y être jugés conformément à l'article précédent. *(Loi du* 23 *nivose an II* [12 janvier 1794], *art. VI.)*

V I.

Tous attroupements composés d'ouvriers ou excités par eux contre le libre exercice de l'industrie et du travail, ou contre l'action de la police et l'exécution des jugements rendus en cette matière, seront tenus pour attroupements séditieux, et comme tels ils seront dissipés par les dépositaires de la force publique, sur les requisitions légales qui leur en seront faites, et punis selon toute la rigueur des lois sur les auteurs, instigateurs et chefs desdits attroupements, et sur tous ceux qui auront commis des voies de fait et des actes de violence. *(Loi du 17 juin 1791, art. VIII.)*

VII.

Nul ouvrier papetier ne pourra quitter l'atelier dans lequel il travaille, pour aller dans un autre, sans avoir prévenu l'entrepreneur, devant deux témoins, quatre décades d'avance, à peine de cent liv. d'amende payable par corps contre l'ouvrier, et de trois cents livres contre l'entrepreneur qui recevrait dans son atelier, et engagerait un ouvrier qu'il ne lui ait représenté le congé par écrit du dernier fabricant chez lequel il aura travaillé, ou du juge de paix des lieux, en cas de refus mal fondé de la part du fabricant. Ces amendes seront appliquées, moitié à la république, l'autre moitié au profit des fabricants que les ouvriers auront quittés sans congé.

Seront aussi tenus les fabricants d'avertir les ouvriers, en présence de deux témoins, quatre décades avant que de les renvoyer, à peine de leur payer leurs gages et nourriture pendant ce terme, sauf le cas de négligence ou inconduite dûment constatée. (*Réglement du 29 janvier* 1739, *art. XLVIII; loi du 3 nivose an II* [23 décembre 1793], *art. VII.*)

VIII.

Il est défendu aux fabricants de débaucher les ouvriers les uns des autres, en leur promettant des gages plus forts que ceux qu'ils gagnaient chez les fabricants où ils travaillaient, sous les peines portées par l'article précédent, tant contre les fabricants que contre les ouvriers. (*Réglement du* 29 *janvier* 1739, *art. XLIX.*)

IX.

S'il arrivait qu'un ouvrier, pour forcer le fabricant à le congédier avant le temps, gâtât son ouvrage par mauvaise volonté, et qu'il en fût convaincu tant par la comparaison de ses autres ouvrages que par la déposition des autres ouvriers travaillant dans le même moulin, il sera condamné, outre le dédommagement, à la même peine que s'il avait quitté le fabricant sans congé. (*Réglement du* 29 *janvier* 1739, *art. L.*)

X.

Indépendamment du congé mentionné dans les articles précédents, nul ouvrier ne pourra passer d'une manufacture à l'autre, sans un passe-port signé de l'agent municipal du lieu ou de son adjoint, et visé par l'administration municipale du canton. *(Loi du* 23 *nivose an II* [12 janvier 1794], *art. VIII.)*

XI.

Les fabricants pourront employer ceux de leurs ouvriers ou apprentis qu'ils jugeront à propos à celles des fonctions du métier de papetier qu'ils trouveront leur être plus convenables, sans qu'aucun des ouvriers puisse s'y opposer, pour quelque cause et sous quelque prétexte que ce soit, contre chacun des compagnons qui auraient formé de pareilles oppositions, et de plus grandes peines, s'il y échoit. *(Réglement du* 29 *janvier* 1739 *, art. XLVII.)*

XII.

Les fabricants pourront prendre dans leurs moulins tel nombre d'apprentis qu'ils jugeront à propos, soit fils d'ouvriers ou autres.

Les ouvriers ne pourront, sous aucun prétexte, se dispenser de leur montrer leur métier. Les dépenses d'apprentissage seront aux frais des parents des élèves ou apprentis, au profit des ouvriers, et ne pourront excéder 50 livres par an. *(Réglement du* 29 *janvier* 1739, *art. LIII; loi du* 23 *nivose an II* [12 janvier 1794]*, art. IX.)*

XIII.

Pourront pareillement les fabricants recevoir dans leurs moulins les ouvriers qui viendraient leur demander du travail, en représen-
tant, par eux, le congé du dernier fabricant
qu'ils auront quitté, visé par le juge de paix
du domicile de celui-ci, sans que les autres
ouvriers puissent les inquiéter ou maltraiter,
ni exiger d'eux aucune rétribution pour quelque cause et sous quelque prétexte que ce soit,
à peine, en cas de contravention, de vingt
livres d'amende payable par corps contre chacun des ouvriers, et de plus grandes peines,
s'il y échoit. (*Réglement du 29 janvier* 1739,
art. LIII.)

XIV.

Les mêmes peines seront appliquées aux ouvriers qui inquiéteraient ou maltraiteraient les
élèves ou apprentis, ou exigeraient d'eux, pour
quelque cause et sous quelque prétexte que ce
fût, une rétribution plus forte que celle fixée
par l'article XII. (*Ibidem.*)

XV.

Le salaire des ouvriers papetiers sera payé
par les fabricants, d'après les conditions con-
senties entre eux, et cela par jour effectif de
travail, et non sur des usages émanés de l'esprit de corporation, de coterie ou de confré-
rie, réprouvé par la Constitution.

XVI.

Les ouvriers sont tenus de faire le travail de chaque journée, moitié avant midi, et l'autre moitié après midi, sans qu'ils puissent forcer leur travail sous quelque prétexte que ce soit, ni le quitter, pendant le courant de la journée, sans le congé du fabricant, à peine, en cas de contravention, de trois livres d'amende payable par corps contre chaque ouvrier, applicable au profit des pauvres de l'hôpital le plus prochain du lieu où les jugements seront rendus. *(Réglement du 29 janvier 1739, art. LI.)*

XVII.

Défenses sont faites à tous ouvriers de commencer leur travail, tant en hiver qu'en été, avant trois heures du matin, et aux fabricants, de les y admettre avant cette heure, ni d'exiger d'eux des tâches extraordinaires appelées *avantages*, à peine de cinquante liv. d'amende contre les fabricants, et de trois livres contre les ouvriers, pour chaque contravention ; lesdites amendes applicables comme ci-dessus. *(Réglement du 29 janvier 1739, art. LIX.)*

XVIII.

Toutes les contestations qui pourraient s'élever dans les manufactures entre les entrepreneurs ou fabricants et leurs ouvriers, relativement aux salaires de ceux-ci et à leurs engagements respectifs, seront portées devant le juge de paix du canton, qui y statuera en dernier ressort, ou à la charge de l'appel, suivant les distinctions établies par l'article X du titre III de la loi du 24 août 1790, sur l'organisation judiciaire.

XIX.

Les affaires dans lesquelles il y aura lieu à amende ou emprisonnement, seront portées devant le tribunal de police ou devant le tribunal correctionnel, d'après les distinctions établies par l'art. 233 de l'acte constitutionnel, et par l'article 150 du code des délits et des peines.

XX.

Le présent arrêté sera imprimé au bulletin des lois.

Il sera, en outre, à la diligence des commissaires du Directoire exécutif près les administrations centrales, affiché, au nombre de plusieurs exemplaires, dans chaque commune de la république où il existe des papeteries, principalement dans chaque atelier, et lu en séance publique de l'administration municipale de chaque canton dans lequel ces papeteries sont situées.

Les ministres de l'intérieur et de la police générale sont chargés, chacun en ce qui le concerne, de tenir la main à son exécution.

DÉCRET

Contenant réglement sur la guimperie, les étoffes d'or et d'argent, et les velours.

Le 20 floréal, an XIII. (10 mai 1805.)

TITRE PREMIER.

Guimperie.

ARTICLE PREMIER.

Tout guimpier sera rigoureusement astreint à ne monter sur soie que de la dorure et de l'argenterie fine ; tout ce qui sera faux ou mi-fin, devra être monté sur floret ou sur fil.

TITRE II.

Étoffes d'or et d'argent.

II.

Les étoffes de soie, or et argent, croisés, satins, taffetas brochés ou lisérés, velours, toiles d'or et d'argent, tant pleins que figurés, quelque dénomination qu'on puisse leur donner, fabriqués avec or et argent fin, ne porteront aucune marque distinctive dans la lisière.

III.

Toutes les fois que ces mêmes étoffes seront fabriquées avec les dorures fausses ou mi-fines, elles devront porter une barre noire de quarante fils au moins dans chacune des deux lisières.

IV.

Lorsque, dans la fabrication des susdites étoffes, il entrera en même-temps et des dorures fines et des dorures fausses ou mi-fines, une seule des deux lisières devra porter la barre noire indiquée par le présent article.

TITRE III.

Velours.

V.

Les velours à un poil devront porter une chaînette sur chaque lisière ;

Ceux à un poil et demi, une chaînette sur l'une desdites lisières, et deux sur l'autre ;

Ceux à deux poils auront deux chaînettes sur chaque lisière ;

Ceux à deux poils et demi, deux chaînettes sur une lisière, et trois sur l'autre ;

Ceux à trois poils, trois chaînettes sur chaque lisière ;

Ceux à trois poils et demi, trois sur l'une, et quatre sur l'autre ;

Ceux à quatre poils, quatre chaînettes sur chaque lisière.

VI.

Les velours dans lesquels il entrera des trames ou des organsins crus, devront avoir deux lisières blanches.

TITRE IV.

Dispositions générales.

VII.

Toute contravention au présent réglement sera punie de la saisie et confiscation de la marchandise ; et, en cas de récidive, par une amende de trois mille francs au plus, indépendamment de la susdite confiscation, conformément à l'art. V de la loi du 22 germinal an XI (12 avril 1803).

Les marchandises confisquées renfermant des fils d'or et d'argent faux, seront brûlées sur la place publique.

Les velours confisqués seront divisés en coupons, et vendus au profit de l'hospice du lieu où le jugement aura été rendu.

Le jugement sera affiché.

VIII.

Le ministre de l'intérieur est chargé de l'exécution du présent décret.

DÉCRET

Portant fixation de la longueur des fils qu'on fabrique avec le coton, le lin, le chanvre, ou la laine.

Le 14 décembre 1810.

ARTICLE PREMIER.

A compter du 1er mars 1811, tous les entrepreneurs de filatures seront tenus de former l'échevette des fils de coton, de lin, de chanvre, ou de laine, d'un fil de cent mètres de longueur, et de composer l'écheveau de dix de ces échevettes, en sorte que la longueur totale du fil formant l'écheveau soit de mille mètres.

II.

A compter de la même époque, ces fils seront étiquetés d'un numéro indicatif du nombre d'écheveaux nécessaires pour former le poids d'un kilogramme.

III.

Les contraventions aux dispositions de l'article précédent seront considérées comme contraventions aux réglements de police, et pu-

nies, en conséquence, d'une amende qui ne
pourra être moindre de cinq francs, ni excéder
quinze francs : la peine pourra être augmentée
en cas de récidive.

IV.

Avant l'époque fixée par l'article 1er, notre
ministre de l'intérieur fera publier les instructions nécessaires, pour faciliter aux fabricants
la formation des échevettes de fil de la longueur déterminée, et établir la concordance
entre les numéros qui ont indiqué jusqu'à présent la finesse des fils de ceux qui doivent l'indiquer à l'avenir (1).

V.

Notre ministre de l'intérieur est chargé de
l'exécution du présent décret, qui sera inséré
au Bulletin des lois.

(1) On n'a pas connaissance que les instructions dont
il s'agit aient été imprimées.

Décrets contenant des dispositions réglementaires, au sujet des draps exportés dans le Levant, et de la fabrication du savon.

DÉCRET

Contenant réglement pour la fabrication des draps destinés au commerce du Levant.

Le 21 septembre 1807.

Vu les mémoires présentés par les chambres de commerce de Marseille, Carcassonne, Montpellier, etc. ;

Vu les arrêts portant réglement, des 22 octobre 1697, 20 novembre 1708, et 15 janvier 1732 ;

Sur le rapport de notre ministre de l'intérieur;

Notre conseil d'état entendu,

Nous avons décrété et décrétons ce qui suit:

TITRE PREMIER.

*De l'Estampille nationale, et des conditions aux-
quelles les draps destinés pour le Levant seront
assujétis pour en être revêtus.*

ARTICLE PREMIER.

Les draps destinés pour le Levant pourront
être marqués d'une estampille, qui en garan-
tira la bonne qualité, les dimensions, et la nature de la fabrication.

II.

Tous les draps destinés à recevoir l'estampille
nationale, devront réunir les conditions indiquées pour chaque lieu de fabrication.

III.

Pour les fabriques des départements de l'Ardè-
che, de l'Aude, du Gard, de la Haute-Garonne, de
l'Hérault, de la Lozère, du Tarn, les draps fabriqués dans les espèces et les qualités ci-après
désignées devront porter au moins le nombre
de fils déterminé dans le tableau ci-annexé,
sur les dimensions et avec les lisières qui y sont
fixées.

GENRES.	QUALITÉS.	NOMBRE de FILS.	LARGEUR sur le métier e ntre les lisières.	LARGEUR après les apprêts entre les lisières.	COULEUR DES LISIÈRES.
			mètr. c.	mètr. c.	
Mahoux.......	Cha	3600.	2. 48.	1. 59.	Blanche ; conserver à la toile un fil blanc entre le drap.
Idem.........	Premiers..	3400.	2. 48.	1. 59.	Cerise foncée, brun, noir et blanc.
Idem.........	Seconds..	3000.	2. 38.	1. 59.	Noire et blanche.
Londrin premier.	1re qualité	3200.	2. 38.	1. 49.	Verte, rose et blanche.
Idem.........	2e Idem...	2800.	2. 38.	1. 49.	Verte et blanche.
Londrin second.	1re Idem..	2600.	2. 30.	1. 39.	Bleu foncé et blanche.
Idem.........	2e Idem...	2400.	2. 30.	1. 39.	Bleue et blanche.
Idem.........	3e Idem..	2000.	2. 30.	1. 39.	Bleu clair et blanche.
Londres large...	....	2600.	2. 53.	1. 49.	Blanche.
Londres.......	....	2000.	2. 38.	1. 39.	Noir.
Nims.........	....	2200.	2. 38.	1. 56.	Brune et blanche.
Seizains.......	....	1600.	2. 23.	1. 19.	Blanche et noire.
Abouchouchon.	....	1600.	2. 38.	1. 26.	Idem.

Le susdit tableau pourra être modifié d'après les connaissances que procurera le commerce du Levant. Il sera dressé pareil tableau pour chaque fabrique travaillant pour le Levant.

IV.

Lesdits draps devront être de bon teint.

Ils devront être bien conditionnés, et exempts de tous défauts, comme taches, trous, barres, etc.

S'il se trouvait cependant qu'une pièce de drap ne renfermât que deux ou trois défauts au plus, elle pourrait être admise à l'estampille, en indiquant le défaut par un fil blanc à la lisière.

V.

Les draps seront uniformes en force et en bonté dans toute l'étendue de la pièce; et ne pourront les tisserands employer des laines d'autre qualité dans une partie de la pièce que dans le reste.

VI.

La pièce de drap devra porter le nom du fabricant, le lieu de la fabrique, et la désignation de la qualité de fabrication.

VII.

Des matrices de toutes les espèces et qualités de tissus destinés au commerce du Levant, portant un mètre de long, sur toute la largeur de l'étoffe, seront adressées par le ministre de l'intérieur aux bureaux de vérification et de contrôle indiqués dans le titre suivant, pour servir aux fabricants de modèles auxquels ils seront tenus de se conformer dans la confection des susdits tissus, et de terme de comparaison aux vérificateurs.

Le vérificateurs ne jugeront que d'après la matrice, dans les lieux de fabrique pour lesquels les réglements portant fixation du nombre des fils n'auront pas encore été arrêtés.

VIII.

Le nombre des pièces contenues dans un ballot, la largeur et la longueur de chacune d'elles, seront énoncés dans la facture annexée audit ballot.

IX.

La carte d'échantillon contenue dans la facture, et annexée sous le même numéro et la même marque au ballot expédié, devra être rigoureusement conforme aux espèces et qualités qui composeront ce ballot, et faire mention des fils qui peuvent se trouver dans la lisière de quelques pièces.

TITRE II.

Des formes suivant lesquelles l'Estampille sera apposée.

X.

Il sera établi, dans chaque ville où se fabriquent des draps destinés pour le Levant, un vérificateur dépositaire du poinçon de l'estam-

pille nationale, et chargé d'examiner si les draps
destinés à la recevoir réunissent les conditions
prescrites par les articles précédents.

XI.

Ledit vérificateur sera assisté de quatre jurés
pris parmi les fabricants les plus anciens et les
mieux réputés, lesquels seront, à cet effet, désignés par le préfet, sur la présentation de la
chambre de commerce.

Les prud'hommes seront chargés de ces fonctions dans les villes où cette institution aura
été autorisée.

XII.

Les draps seront présentés au vérificateur et
aux jurés, après le foulage et les autres apprêts.

On procédera à cette vérification par l'examen détaillé de toutes les conditions désignées
dans le titre premier, par l'épreuve des couleurs, et par la comparaison des tissus avec les
matrices.

Les draps ne pourront être retenus plus de
trois jours pour cette visite.

XIII.

Si la pièce de drap a été reconnue réunir les
conditions exigées, il lui sera apposé un plomb
portant l'estampille nationale.

Si la carte d'échantillon a été reconnue fidèle,

elle recevra un sceau avec la signature du vérificateur.

XIV.

La marque, les plombs et sceaux, porteront ces mots, ESTAMPILLE NATIONALE.

Ils indiqueront aussi l'espèce et la qualité du tissu.

Les susdites désignations seront exprimées en français et en arabe.

XV.

Le vérificateur sera nommé par le ministre de l'intérieur : il ne pourra, dans aucun cas, être pris parmi les fabricants en activité.

Il jouira d'un traitement de 1800 à 3000 francs.

XVI.

Il sera établi dans les villes et ports de Marseille, Gênes, Anvers, Turin, et Mayence, des bureaux de contrôle pour la vérification des draps destinés pour le Levant, et revêtus de l'estampille nationale. Le bureau de contrôle sera placé auprès du bureau de la douane.

XVII.

Le contrôleur examinera,

1º Si l'estampille n'aurait point été contrefaite ;

2º La composition du ballot, et vérifiera s'il renferme bien le nombre des pièces annoncées, et dans les dimensions indiquées par la facture.

Dans le cas de doute sur le premier point, le contrôleur en écrira aux vérificateurs respectifs, pour faire procéder, s'il y a lieu, à un nouvel examen et rapport.

Le ballot verifié sera revêtu d'un plomb adhérent à la toile d'emballage.

XVIII.

Le contrôle terminé, et s'il a donné le résultat prescrit par l'article précédent, le contrôleur en délivrera un certificat, qui sera transmis avec le ballot au bureau des douanes près duquel sera placé le bureau du contrôleur.

Défenses très-expresses sont faites aux employés des douanes de laisser expédier pour le Levant aucun des susdits ballots estampillés, s'ils ne sont accompagnés du certificat désigné ci-dessus.

XIX.

Les contrôleurs seront nommés comme les vérificateurs, et jouiront du même traitement.

XX.

Les vérificateurs et les contrôleurs tiendront un registre, lequel contiendra la date du jour où le drap aura été apporté à la visite, et le résultat de la vérification et du contrôle.

Les prud'hommes ou les jurés signeront à chaque séance le registre du vérificateur.

Le registre du vérificateur indiquera le bureau d'expédition par lequel les draps devront être exportés à la sortie.

Les vérificateurs adresseront, chaque semaine, aux contrôleurs respectifs, un état certifié, portant le relevé de leur registre pour les draps qui doivent être envoyés à leurs contrôles.

Les vérificateurs et contrôleurs adresseront, chaque mois, au ministre de l'intérieur, le relevé de leurs opérations.

XXI.

Les types et modèles de l'estampille nationale, les plombs, les sceaux, et les matrices, seront adressés à tous les ambassadeurs et consuls de Sa Majesté en Turquie, en Égypte, et dans les Échelles du Levant.

XXII.

Les contrôleurs et vérificateurs seront tenus de verser à la caisse d'amortissement un cautionnement égal au double de leur traitement annuel.

XXIII.

Les types et modèles de l'estampille nationale, les plombs, les sceaux, les matrices, seront adressés aux bureaux des douanes des villes et ports indiqués à l'article XVI.

XIV.

Le fabricant ou négociant qui serait convaincu d'avoir contrefait, falsifié l'estampille
nationale, de l'avoir dérobée ou transportée sur
une pièce différente de celle vérifiée, sera puni
conformément à l'article V de la loi du 22 germinal an XI (12 avril 1803).

XXV.

Dans le cas où l'estampille nationale aurait
été falsifiée dans l'étranger, les ministres et consuls de Sa Majesté feront poursuivre les auteurs
de la contrefaçon, comme coupables du crime
de faux, devant les autorités locales, et d'après
la législation établie dans le pays où le délit
aura été commis; le tout sans préjudice de la
juridiction consulaire exercée sur les Français,
d'après les lois et les conventions établies.

XXVI.

Notre grand-juge ministre de la justice, nos
ministres de l'intérieur, des relations exté-
rieures et des finances, sont chargés, chacun
en ce qui le concerne, de l'exécution du présent décret.

DÉCRET

Relatif à la vérification des draps destinés au commerce du Levant.

Le 9 décembre 1810.

TITRE PREMIER.

Nomination des Vérificateurs. Villes où ils pourront être placés.

ARTICLE PREMIER.

Les vérificateurs seront choisis de préférence parmi les anciens fabricants de draps retirés des affaires. Notre ministre de l'intérieur les nommera sur une liste triple de candidats présentée par le préfet.

II.

Nul ne pourra être nommé vérificateur, s'il a fait faillite, ou s'il n'est domicilié dans le lieu de la situation de la fabrique.

III.

Les vérificateurs seront installés dans leurs fonctions par le maire de la commune : ils prêteront, entre ses mains, et en présence des

membres de la chambre consultative des manufactures convoqués à cet effet, serment d'o-
béissance aux lois, de fidélité au souverain, et
de remplir leurs devoirs avec zèle et intégrité.
Il sera dressé procès-verbal de ce serment, dont
deux expéditions seront adressées au préfet,
l'une pour être transmise à notre ministre de
l'intérieur, et l'autre pour être déposé aux archives de la préfecture.

IV.

Le nombre des vérificateurs et les communes
où ils seront placés, seront déterminés par
notre ministre de l'intérieur, sur la demande
des chambres consultatives des manufactures,
et sur la proposition des préfets.

V.

Indépendamment des vérificateurs établis
pour les draps destinés au commerce du Levant, il pourra en être créé dans les villes où
le gouvernement le jugera convenable pour les
draps employés à l'habillement des troupes.

Les fonctions de ces derniers vérificateurs
seront déterminées par notre ministre-direc-
teur de l'administration de la guerre. Ils seront
nommés par lui; et ils toucheront, pour chaque pièce de drap qu'ils auront vérifiée, une
rétribution dont la quotité sera proportionnée
à l'importance des commandes faites à la manufacture.

TITRE II.

Indication des bureaux par lesquels les draps pourront sortir. Nouvelles attributions données aux vérificateurs.

SECTION PREMIÈRE.

Indication des bureaux par lesquels les draps pourront sortir.

VI.

Les draps destinés au commerce du Levant qu'on voudra faire estampiller, ou dont on voudra faire plomber les ballots, ne pourront être exportés que par les ports de *Marseille*, de *Génes*, d'*Anvers*, de *Livourne*, et les villes de *Cologne*, *Mayence*, *Strasbourg*, *Verceil*, *Boulogne* et *Casatime*.

La reconnaissance des colis, caisses ou balles qui les contiendront, lorsque les expéditeurs la demanderont, se fera sans ouvrir ces balles, caisses ou colis. Sont en conséquence rapportées les dispositions de notre décret du 21 septembre 1807, qui créent des bureaux de contrôle.

VII.

Indépendamment de l'estampille nationale apposée à chaque pièce de drap, il sera mis à la corde qui lie chaque caisse ou balle un plomb qui sera adhérent à cette corde. Ce plomb aura au milieu ces mots : *Draps pour le Levant;* et à l'exergue ceux-ci : *Royaume de France.* Il sera, en conséquence, fabriqué des types ou modèles , lesquels seront envoyés , soit aux vérificateurs, soit aux receveurs des bureaux de douanes par lesquels doit sortir la marchandise.

VIII.

Lorsqu'il aura été fait un envoi de draps pour le Levant, le vérificateur en informera le receveur du bureau des douanes par lequel l'exportation aura lieu : celui-ci, en accusant la réception de cet avis, lui mandera s'il a trouvé en bon état le plomb, qui devra toujours être mis à la balle ou à la caisse par le vérificateur ou en sa présence. Dans le cas de la négative, ou s'il a l'opinion que ce plomb a été contrefait, il retiendra la marchandise jusqu'à ce qu'il lui soit parvenu de nouveaux renseignements.

SECTION II.

Nouvelles attributions données aux vérificateurs.

IX.

Pour être admis à recevoir l'estampille, les draps devant être fabriqués dans les dimensions, les qualités, avec le nombre de fils et de la manière que l'indiquent les articles 3, 4, 5 et 6 de notre décret du 21 septembre, il sera fait trois visites de ces draps par le vérificateur,

1° Avant le foulage, pour savoir si la fabrication est régulière, selon les articles ci-dessus;

2° Après cette opération ;

3° Enfin, lorsqu'ils auront subi les derniers apprêts, pour s'assurer de la solidité des couleurs, et des défauts de teinture.

X.

Les jurés chargés, par l'article XI de notre décret du 21 septembre, d'assister les vérificateurs, seront renouvelés par moitié tous les ans. Ils seront toujours rééligibles. Ils signeront, avec le vérificateur, les cartes d'échantillon qu'un examen attentif leur aura prouvé être fidèles.

XI.

Si la fabrication n'est pas régulière, le drap ne sera pas estampillé. Si les vérificateurs et les jurés ont l'opinion que la teinture d'une pièce de drap n'est pas bonne, ils sont autorisés à faire des expériences. S'ils acquièrent la conviction que cette opinion est fondée, ils refuseront l'estampille.

Dans tout état de choses, le vérificateur ne pourra garder la marchandise plus de trois jours.

TITRE III.

Dispositions générales.

XII.

Il sera tenu, par les vérificateurs, un registre en papier libre, cotté et paraphé par eux et
par les jurés : ils y inscriront, jour par jour,
sans aucun blanc ni interligne, les draps présentés à l'estampillage, le nom de celui qui les
aura fabriqués, avec l'indication de son domicile, de la nature des étoffes, de la date du
jour où elles auront été estampillées, et enfin
du bureau des douanes par lequel elles ont dû
être exportées.

Les vérificateurs remettront, tous les trois
mois, au préfet, et même plus souvent s'il
l'exige, un état double, certifié par eux, des
pièces qui auront été présentées à l'estampillage. Celui-ci transmettra à notre ministre de
l'intérieur l'un de ces états, en y joignant les
observations dont il l'aura jugé susceptible.

XIII.

La vérification n'aura lieu que pour les
draps qu'on voudra faire revêtir de l'estampille:
dans tout autre cas, il continuera d'être libre
de fabriquer et expédier dans les dimensions
et les qualités qui seront jugées convenables.

XIV.

L'article 15 de notre décret du 21 septembre 1807, qui accorde aux vérificateurs un traitement annuel fixe, est rapporté. Ces vérificateurs ne toucheront qu'une rétribution dont la quotité, pour chaque pièce de drap qu'ils auront vérifiée, et à laquelle ils auront apposé l'estampille, sera proportionnée à l'importance de la manufacture de la ville ou de la commune où ils exerceront : elle sera d'un franc au moins, et de trois francs au plus. Notre ministre de l'intérieur, sur l'avis du préfet, déterminera, entre ces deux termes, la quotité de la rétribution qui sera perçue dans chaque lieu de fabrication.

Il sera aussi payé aux vérificateurs la somme de cinquante centimes pour chaque plomb qu'ils auront mis aux balles ou aux caisses.

XV.

Au moyen de ces deux rétributions, dont le montant leur est abandonné en totalité, les vérificateurs ne pourront réclamer aucune indemnité pour frais de loyer, de papier, de chauffage, d'éclairage, et de correspondance avec les receveurs des bureaux des douanes.

XVI.

Afin d'indemniser les receveurs des bureaux des douanes des frais de la correspondance qu'ils sont tenus d'avoir avec les vérificateurs, conformément à l'article VII, titre II du présent décret, il leur sera payé, pour chaque caisse ou balle, une somme réglée ainsi qu'il suit :

Trois francs, pour une caisse, colis ou balle dont le poids n'excédera pas quatre-vingts kilogrammes, et cinq francs, pour toute caisse ou balle d'un poids supérieur.

XVII.

Tout vérificateur, tout receveur des bureaux de douanes qui aurait exigé une somme plus forte que celle qui lui est allouée par les articles XIII et XV, sera poursuivi et puni comme concussionnaire.

XVIII.

Nos ministres de l'intérieur et des finances sont chargés, chacun en ce qui le concerne, de l'exécution du présent décret, qui sera inséré au Bulletin des lois.

DÉCRET

Tendant à prévenir ou à réprimer la fraude dans la fabrication des Savons.

Le 1er avril 1811.

Vu les représentations de la chambre de commerce de Marseille touchant les fraudes pratiquées dans la fabrication du savon ;

Vu les édits et arrêts du conseil sur le même objet, des 5 octobre 1688, 19 février 1754 et 20 février 1760 ;

Voulant laisser au perfectionnement de l'industrie toute son étendue, et aux inventeurs de nouveaux procédés, toute leur liberté ;

Entendant, en même temps, prévenir toute fraude, au préjudice de nos sujets consommateurs, et de la confiance qu'il importe d'obtenir pour le commerce de notre royaume dans ses rapports avec les étrangers ;

Notre conseil d'état entendu,

Nous avons décrété et décrétons ce qui suit :

ARTICLE PREMIER.

Tout fabricant de savon, dans l'étendue des terres de notre domination, sera tenu d'appo-

ser, sur chaque brique de savon sortant de sa
fabrique, une marque déposée au tribunal de
commerce et au secrétariat du conseil des pru-
d'hommes, selon l'article XVIII de la loi du
22 germinal an XI (12 avril 1803), et l'art. VII
du décret du 11 juin 1789.

II.

Cette marque sera différente pour le savon
fabriqué à l'huile d'olive, pour celui fabriqué
à l'huile de graines, et pour celui fabriqué au
suif ou à la graisse.

III.

Tout savon non marqué, ou tout savon marqué comme savon à l'huile, quoiqu'il soit à
la graisse, ou marqué d'une fausse marque,
sera saisi dans les magasins des fabriques ou
chez les marchands, à la diligence des pru-
d'hommes, de tout officier de police municipale et judiciaire, ou à la requisition de toute
partie intéressée ; et la confiscation en sera
prononcée par les autorités compétentes, moitié au profit des hospices, l'autre motié au
profit des officiers de police ou des parties re-
quérantes, sans préjudice d'une amende, qui
ne pourra excéder trois mille francs, et sera
double en cas de récidive, ou d'autres peines
portées par les lois et réglements.

IV.

Tout fabricant convaincu, par la décompotion, d'avoir fraudé dans la fabrication du savon par l'introduction d'une quantité surabondante d'eau ou de substances propres à en altérer la qualité, sera poursuivi, et son savon confisqué, comme il est dit article précédent, sans préjudice des dommages-intérêts, s'il y a lieu.

V.

Les prud'hommes des villes où il y a des fabriques de savon auront, sur les magasins où le savon fabriqué se dépose, ou dans les lieux de débit, le droit d'inspection pour l'exécution des articles précédents, indépendamment de la juridiction qui leur est attribuée par les lois et règlements.

VI.

Le présent décret n'est applicable qu'aux savons destinés aux blanchisseries, teintures, et dégraissages, et non à la fabrication des savons de luxe et de toilette.

VII.

Notre grand-juge ministre de la justice, et nos ministres de l'intérieur et de la police générale, sont chargés, chacun en ce qui le concerne, de l'exécution du présent décret, qui era inséré au Bulletin des lois.

DÉCRET

Qui détermine la marque des Savons.

Le 18 septembre 1811.

Sur le rapport de notre ministre de l'intérieur;

Vu les articles 1 et 2 de notre décret du 1ᵉʳ avril dernier, portant que chaque fabricant sera tenu d'apposer une marque sur chaque brique de savon sortant de sa manufacture, et que cette marque sera différente pour le savon fabriqué à l'huile d'olive, pour celui fabriqué à l'huile de graine, et pour le savon fabriqué avec du suif ou avec de la graisse;

Notre conseil d'état entendu,

Nous avons décrété et décrétons ce qui suit :

ARTICLE PREMIER.

La marque pour le savon fabriqué à l'huile d'olive, sera de forme concave ovale, et portera dans le milieu, en lettres rentrées, ces mots : *Huile d'olive.*

Celle pour le savon fabriqué à l'huile de graines, sera de forme concave quarrée, et portera dans le milieu, aussi en lettres rentrées, ces mots : *Huile de graines.*

La marque pour le savon au suif ou à la graisse sera de forme concave triangulaire, et devra porter également dans le milieu, aussi en lettres rentrées, ces mots : *Suif* ou *Graisse.*

A la suite de chaque marque, qui devra être en caractères assez gros pour être aperçus sans difficulté, sera le nom du fabricant et de la ville où il fait sa résidence.

II.

A compter du 1ᵉʳ avril prochain, il ne pourra plus être vendu, par les fabricants, de savons destinés aux blanchisseries, aux teintures et aux dégraissages, s'ils ne sont revêtus des marques prescrites par l'article précédent. Tout fabricant qui sera convaincu d'en avoir versé dans le commerce, qui ne seraient pas marqués, sera puni, pour la première fois, d'une amende de mille francs. En cas de récidive, cette amende sera double.

III.

Les contraventions à l'article ci-dessus seront portées devant nos cours et tribunaux, comme matières de police.

IV.

Notre ministre de l'intérieur est chargé de l'exécution du présent décret, qui sera inséré au bulletin des lois.

DÉCRET

Qui établit une marque particulière pour les savons à l'huile d'olive, fabriqués à Marseille.

Le 22 décembre 1812.

Sur le rapport de notre ministre des manufactures et du commerce;

Vu notre décret du 18 septembre 1811, qui, en exécution des articles 1 et 2 du décret du 1er avril de la même année, règle la forme des marques que les fabricants de savon sont tenus d'apposer sur chacune des briques de savon qui sortent de leurs ateliers; marques qui doivent être différentes pour le savon fabriqué à l'huile d'olive, pour celui fabriqué à l'huile de graines, et pour le savon fabriqué avec du suif ou avec de la graisse;

Notre conseil d'état entendu,

Nous avons décrété et décrétons ce qui suit:

ARTICLE PREMIER.

La forme des marques prescrites par notre décret du 18 septembre 1811, continuera d'être employée dans toutes les fabriques de savon de notre royaume : ces fabriques les mettront, en conséquence, sur tous les savons qui sortiront de leurs ateliers.

II.

A compter de ce jour, la ville de Marseille, département des Bouches-du-Rhône, aura une marque particulière pour ses savons à l'huile d'olive; cette marque présentera un *pentagone* dans le milieu duquel seront, en lettres rentrées, ces mots : *Huile d'olive*, et à la suite, le nom du fabricant et celui de la ville de Marseille.

III.

Tout particulier établi dans une ville autre que celle de Marseille, qui versera dans le commerce, des savons revêtus de la marque accordée par l'article précédent, sera puni, pour la première fois, d'une amende de mille francs : en cas de récidive, cette amende sera double; les savons seront en outre confisqués.

Le montant de cette confiscation et de l'amende sera versé dans la caisse des hospices du lieu où les savons auront été vendus, et, dans le cas où il n'y aurait point d'établissements de ce genre, dans celles des hospices de la commune voisine.

IV.

La saisie des savons revêtus de la marque appartenant à la ville de Marseille, aura lieu sur la requisition des autorités constituées de cette ville, ou de ceux de ses fabricants qui seraient munis de leur patente. Les contestations auxquelles elle donnera lieu, seront portées devant nos cours et tribunaux, comme matière de police.

V.

Dans le cas où la plainte en usurpation de la marque ne serait point fondée, celui qui l'aura faite sera condamné à des dommages-intérêts proportionnés au trouble et au préjudice qu'il aura causés.

VI.

S'il était fabriqué à Marseille du savon avec de l'huile de graines, du suif ou de la graisse, alors la marque sera la même que celle qui est prescrite pour les savons de cette nature par notre décret du 18 septembre 1811, notre intention étant qu'on applique exclusivement aux briques de savon à l'huile d'olive fabriquées à Marseille, celle dont la forme présentera un *pentagone*.

VII.

Il n'est point dérogé aux dispositions énoncées au titre IV de la loi du 22 germinal an XI

(12 avril 1811), lesquelles dispositions seront affichées de nouveau dans les villes de fabriques à la diligence de notre ministre des manufactures et du commerce.

VIII.

Notre ministre des manufactures et du commerce est chargé de l'exécution du présent décret, qui sera inséré au Bulletin des lois.

LÉGISLATION *relative à la surveillance du titre des matières d'or et d'argent, aux fabriques d'ouvrages d'or et d'argent, de coutellerie, de quincaillerie, et d'armes à feu destinées au commerce.*

LOI

Relative à la surveillance du titre, et à la perception des droits de garantie des matières et ouvrages d'or et d'argent.

Le 19 brumaire an VI. (9 novembre 1797.)

TITRE PREMIER.

SECTION I.

Des titres des ouvrages d'or et d'argent.

ARTICLE PREMIER.

Tous les ouvrages d'orfévrerie et d'argenterie fabriqués en France doivent être conformes aux titres prescrits par la loi, respectivement, suivant leur nature.

II.

Ces titres, ou la quantité de fin contenue dans chaque pièce, s'exprimeront en millièmes. Les anciennes dénominations de karats et de deniers, pour exprimer le degré de pureté des métaux précieux, n'auront plus lieu.

III.

Il est cependant permis, pendant un an, à compter de la date de la présente loi, d'employer dans les actes ou écrits qui sont dans le cas de passer sous les yeux d'un officier public, les anciennes expressions de *karats, deniers,* ou leurs subdivisions, mais seulement à la suite du nombre de millièmes qui devra exprimer la vraie qualité du métal précieux.

IV.

Il y a trois titres légaux pour les ouvrages d'or, et deux pour les ouvrages d'argent; savoir, pour l'or,

Le premier, de 920 millièmes (ou 22 karats $\frac{2}{32}$ et $\frac{1}{2}$ environ);

Le second, de 840 millièmes (20 karats $\frac{5}{32}$ et $\frac{1}{8}$);

Le troisième, de 750 millièmes (18 karats);

Et pour l'argent,

Le premier, de 950 millièmes (11 deniers 9 grains $\frac{7}{10}$);

Le second, de 800 millièmes (9 deniers 11 grains $\frac{1}{2}$);

V.

La tolérance des titres pour l'or est de troi
millièmes; celle des titres pour l'argent est d
cinq millièmes.

VI.

Les fabricants peuvent employer, à leur gré,
l'un des titres mentionnés à l'article IV, respectivement pour les ouvrages d'or et d'argent,
quelle que soit la grosseur ou l'espèce des
pièces fabriquées.

SECTION II.

Des poinçons.

VII.

La garantie du titre des ouvrages et matières
d'or et d'argent est assurée par des poinçons;
ils sont appliqués sur chaque pièce, ensuite
d'un essai de la matière, et conformément aux
règles établies ci-après.

VIII.

Il y a pour marquer les ouvrages tant en or
qu'en argent, trois espèces principales de poinçons; savoir,

Celui du fabricant,

Celui du titre,

Et celui du bureau de garantie.

Il y a d'ailleurs deux petits poinçons, l'un

pour les menus ouvrages d'or, l'autre pour les menus ouvrages d'argent, trop petits pour recevoir l'empreinte des trois espèces de poinçons précédentes.

Il y a de plus un poinçon particulier pour les vieux ouvrages dits *de hasard;*

Un autre pour les ouvrages venant de l'étranger ;

Une troisième sorte pour les ouvrages doublés ou plaqués d'or et d'argent;

Une quatrième sorte, dite *poinçon de recense,* qui s'applique par l'autorité publique, lorsqu'il s'agit d'empêcher l'effet de quelque infidélité relative aux titres et aux poinçons;

Enfin, un poinçon particulier pour marquer les lingots d'or ou d'argent affinés.

IX.

Le poinçon du fabricant porte la lettre initiale de son nom, avec un symbole : il peut être gravé par tel artiste qu'il lui plaît de choisir, en observant les formes et proportions établies par l'administration des monnaies.

X.

Les poinçons de titre ont pour empreinte un coq, avec l'un des chiffres arabes 1, 2, 3, indicatif des premier, second et troisième titres, fixés dans la précédente section. Ces poinçons sont uniformes dans toute la France; chaque sorte de ces poinçons a d'ailleurs une forme particulière qui la différencie aisément à l'œil.

XI.

Le poinçon de chaque bureau de garantie a un signe caractéristique particulier, qui est déterminé par l'administration des monnaies.

Ce signe est changé toutes les fois qu'il est nécessaire, pour prévenir les effets d'un vol ou d'une infidélité.

XII.

Le petit poinçon destiné à marquer les menus ouvrages d'or a pour empreinte une tête de coq; celui pour les menus ouvrages d'argent porte un faisceau.

XIII.

Le poinçon de vieux, destiné uniquement à marquer les ouvrages dits *de hasard*, représente une hache.

Celui pour marquer les ouvrages venant de l'étranger contient les lettres E T.

XIV.

Le poinçon de chaque fabricant de doublé ou de plaqué a une forme particulière déterminée par l'administration des monnaies. Le fabricant ajoute en outre sur chacun de ses ouvrages, des chiffres indicatifs de la quantité d'or et d'argent qu'il contient.

XV.

Le poinçon de recense est également déterminé par l'administration des monnaies, qui le différencie à raison des circonstances.

XVI.

Le poinçon destiné à marquer les lingots d'or ou d'argent affinés, est aussi déterminé par l'administration des monnaies : il est uniforme dans toute la France.

XVII.

Tous les poinçons désignés dans les articles X, XI, XII, XIII, XV et XVI, sont fabriqués par le graveur des monnaies, qui les fait parvenir dans les divers bureaux de garantie, et en conserve les matrices.

Le poinçon destiné pour les lingots affinés n'est déposé que dans les bureaux de garantie dans l'arrondissement desquels il se trouve des affineurs à la chambre de délivrance de la monnaie de Paris, pour l'affinage national.

XVIII.

Lorsqu'on ne fait point usage de ces poinçons, ils sont enfermés dans une caisse à trois serrures, et sous la garde des employés des bureaux de garantie, comme il sera dit ci-après.

XIX.

Les fabricants de faux poinçons, et ceux qui en feraient usage, seront condamnés à dix années de fers, et leurs ouvrages confisqués.

XX.

Les poinçons servant actuellement à constater les titres et l'acquit des droits de marque, seront biffés immédiatement après que les poinçons ordonnés par la présente loi seront en état d'être employés.

TITRE II.

Des droits de garantie sur les ouvrages et matières d'or et d'argent.

XXI.

Il sera perçu un droit de garantie sur les ouvrages d'or et d'argent de toute sorte, fabriqués à neuf.

Ce droit sera de vingt francs par hectogramme (trois onces deux gros douze grains) d'or, et d'un franc par hectogramme d'argent, non compris les frais d'essai ou de touchaud.

XXII.

Il ne sera rien perçu sur les ouvrages d'or et d'argent dits *de hasard*, remis dans le commerce; ils ne sont assujétis qu'à être marqués une seule fois du poinçon de vieux, ordonné par l'article VIII de la présente loi.

XXIII.

Les ouvrages d'or et d'argent venant de l'éranger, devront être présentés aux employés des douanes sur les frontières de l'État, pour y être déclarés, pesés, plombés, et envoyés au bureau de garantie le plus voisin, où ils seront marqués du poinçon E T, et paieront des droits égaux à ceux qui sont perçus pour les ouvrages d'or et d'argent fabriqués en France.

Sont exceptés des dispositions ci-dessus, 1° les objets d'or et d'argent appartenant aux ambassadeurs et envoyés des puissances étrangères;

2° Les bijoux d'or à l'usage personnel des voyageurs, et les ouvrages en argent servant également à leur personne, pourvu que leur poids n'excède pas en totalité cinq hectogrammes (16 onces 2 gros 60 grains $\frac{1}{2}$).

XXIV.

Lorsque les ouvrages d'or et d'argent venant de l'étranger, et introduits en France en vertu des exceptions de l'article précédent, seront mis dans le commerce, ils devront être portés aux bureaux de garantie, pour y être marqués du poinçon destiné à cet effet; et il sera payé, pour lesdits ouvrages, le même droit que pour ceux fabriqués en France.

XXV.

Lorsque les ouvrages neufs d'or et d'argent fabriqués en France, et ayant acquitté les droits,

sortiront **de** l'État comme vendus, ou pour
l'ètre à l'étranger, les droits de garantie seront
restitués au fabricant, sauf la retenue d'un
tiers.

XXVI.

Cette restitution sera faite par le bureau de
garantie qui aura perçu les droits sur lesdits
ouvrages, ou, à défaut de fonds, par une traite
sur le bureau de garantie de Paris. Cette restitution n'aura lieu cependant que sur la représentation d'un certificat de l'administration
des douanes, muni de son sceau particulier,
et qui constate la sortie de France desdits ouvrages.

Ce certificat devra ètre rapporté dans le
délai de trois mois.

XXVII.

Le Directoire exéuctif désignera les communes maritimes et continentales par lesquelles il sera permis de faire sortir de la
France les ouvrages d'or et d'argent.

XXVIII.

Les ouvrages déposés au Mont-de-Piété et
dans les autres établissements destinés à des
ventes ou à des dépôts de ventes, sont assujétis à payer les droits de garantie, lorsqu'ils
ne les ont pas acquittés avant le dépôt.

XXIX.

Les lingots d'or et d'argent affinés paieront un droit de garantie avant de pouvoir être mis dans le commerce.

Ce droit sera,

Pour l'or, de 8 francs 18 centimes par kilogramme (ou 2 francs par marc);

Et pour l'argent, de 2 francs 4 centimes par kilogramme (ou 10 sous par marc).

Les lingots dits *de tirage* ne paieront qu'un droit de 82 centimes par kilogramme (ou 4 sous par marc).

TITRE III.

Suppression des maisons communes d'orfèvres.

XXX.

Les maisons communes d'orfèvres sont supprimées ; leurs biens et effets sont déclarés appartenant à l'Etat.

XXXI.

Les employés des bureaux de ces maisons continueront d'exercer leurs fonctions jusqu'au complément de l'organisation prescrite par la présente loi.

XXXII.

Il sera fait inventaire des registres et papiers à l'usage de ces bureaux, ainsi que des

ustensiles et effets, pour les papiers et registres
être envoyés à l'administration des monnaies,
et les ustensiles et effets être mis sous la surveillance des administrations de département,
jusqu'à ce qu'il puisse en être fait un emploi
avantageux à l'État.

XXXIII.

Les quatre invalides orfèvres qui habitent
actuellement la maison commune des orfèvres
à Paris, seront placés aux Incurables; le ministre de l'intérieur est chargé d'effectuer ce
transport.

TITRE IV.

Des bureaux de garantie.

XXXIV.

Il y aura des bureaux de garantie établis
pour faire l'essai et constater les titres des ouvrages d'or et d'argent, ainsi que des lingots
de ces matières qui y seraient apportés, et
pour percevoir, lors de la marque de ces ouvrages ou matières, les droits imposés par la
loi.

XXXV.

Ces bureaux seront placés dans les communes où ils seront le plus avantageux au
commerce; le nombre en est fixé provisoire-

ment à deux cents au plus pour toute la France. Le placement de ces bureaux et les lieux compris dans leur arrondissement seront déterminés par le Gouvernement, sur la demande motivée des administrations de département, et sur l'avis de celle des monnaies.

XXXVI.

Les bureaux de garantie seront composés de trois employés; savoir, un essayeur, un receveur, et un contrôleur; mais à Paris et dans les autres communes populeuses, le ministre des finances pourra autoriser un plus grand nombre d'employés, à raison des besoins du commerce.

XXXVII.

L'administration des monnaies surveillera les bureaux de garantie relativement à la partie d'art et au maintien de l'exactitude des titres des ouvrages d'or et d'argent mis dans le commerce.

XXXVIII.

La régie de l'enregistrement surveillera les bureaux de garantie relativement aux dépenses et au recouvrement des droits à percevoir.

XXXIX.

L'essayeur de chaque bureau de garantie sera nommé par l'administration du département où ce bureau est placé; mais il ne pourra en exercer les fonctions qu'après avoir obtenu de l'administration des monnaies un certificat de capacité, aux mêmes conditions prescrites par l'article LIX de la loi du 22 vendémiaire, sur l'organisation des monnaies.

XL.

La régie d'enregistrement nommera le receveur de chaque bureau de garantie, ou en fera faire les fonctions par l'un de ses préposés, dans les communes où cette cumulation de fonctions ne serait nuisible ni à l'un ni à l'autre service.

XLI.

Les contrôleurs des bureaux de garantie seront nommés par le ministre des finances, sur la proposition de l'administration des monnaies.

XLII.

Les essayeurs n'auront d'autre rétribution que celle qui leur est allouée pour les frais de chaque essai d'or et d'argent, ainsi qu'il sera dit dans le titre suivant.

XLIII.

Les traitements des receveurs et des contrôleurs seront gradués à raison de l'importance et de l'étendue de leurs fonctions : ces traitements ne pourront excéder, savoir, 3,000 fr. à Paris, 2,400 francs dans les communes au-

dessus de cinquante mille ames, et 1,800 francs
dans les autres.

XLIV.

L'essayeur se pourvoira, à ses frais, de tout
ce qui est nécessaire à l'exercice de ses fonctions ; l'administration des monnaies fournira
au bureau les poinçons et la machine à es-
tamper : les frais de registres et autres seront
réglés par la régie de l'enregistrement, sous
l'approbation du ministre des finances; l'administration du département procurera un local
convenable au bureau, qui devra être placé,
autant que possible, dans celui de la municipalité du lieu.

XLV.

L'essayeur, le receveur et le contrôleur du
bureau de garantie auront chacun une des
clefs de la caisse dans laquelle seront renfer-
més les poinçons.

XLVI.

Les employés des bureaux qui calqueraient
les poinçons, ou qui en feraient usage sans
observer les formalités prescrites par la loi,
seront destitués, et condamnés à un an de
détention.

XLVII.

Aucun employé aux bureaux de garantie ne
laissera prendre de calque, ni ne donnera de

description, soit verbale, soit par écrit, des ouvrages qui sont apportés au bureau, sous peine de destitution.

TITRE V.

Des fonctions des employés des bureaux de garantie.

XLVIII.

L'essayeur ne recevra les ouvrages d'or et d'argent qui lui sont présentés pour être essayés et titrés, que lorsqu'ils auront l'empreinte du poinçon du fabricant, et qu'ils seront assez avancés pour qu'en les finissant, ils n'éprouvent aucune altération.

XLIX.

Les ouvrages provenant de différentes fontes devront être envoyés au bureau de garantie dans des sacs séparés, et l'essayeur en fera l'essai séparément.

L.

Il n'emploiera dans ses opérations que les agents chimiques et substances provenant du dépôt établi dans l'hôtel des monnaies de Paris; mais les frais de transport de ces substances et matières seront compris dans les frais d'administration du bureau.

LI.

L'essai sera fait sur un mélange des matières prises sur chacune des pièces provenant de la même fonte. Ces matières seront grattées ou coupées, tant sur les corps des ouvrages que sur les accessoires, de manière que les formes et les ornements n'en soient pas détériorés.

LII.

Lorsque les pièces auront une languette forgée ou fondue avec leur corps, c'est en partie sur cette languette, et en partie sur le corps de l'ouvrage, que l'on fera la prise d'essai.

LIII.

Lorsque les ouvrages d'or et d'argent seront à l'un des titres prescrits respectivement pour chaque espèce par l'article IV de la présente loi, l'essayeur en inscrira la mention sur un registre destiné à cet effet, et qui sera cotté et paraphé par l'administration du département : lesdits ouvrages seront ensuite donnés au receveur, avec un extrait du registre de l'essayeur, indiquant le titre trouvé.

LIV.

Le receveur pesera les ouvrages qui lui seront ainsi transmis, et percevra le droit de garantie qu'ils doivent conformément à la loi. Il fera ensuite mention sur son registre, qui sera cotté et paraphé comme celui de l'essayeur, de la nature des ouvrages, de leur titre, de leur poids, et de la somme qui lui aura été payée pour l'acquittement du droit; enfin il inscrira sur l'extrait du registre de l'essayeur, le poids des ouvrages, la mention de l'acquittement du droit, et remettra le tout au contrôleur.

LV.

Le contrôleur aura un registre cotté et paraphé comme ceux de l'essayeur et du receveur; il y transcrira l'extrait du registre accompagnant chaque pièce à marquer, et, conjointement avec l'essayeur et le receveur, il tirera de la caisse à trois serrures, le poinçon du bureau et celui indicatif du titre, soit de l'or, soit de l'argent, ou le poinçon dont les menus ouvrages doivent être revêtus, et il les appliquera en présence du propriétaire.

LVI.

Les ouvrages d'or et d'argent qui, sans être au-dessous du plus bas des titres fixés par la loi, ne seraient pas précisément à l'un d'eux; seront marqués au titre légal immédiatement inférieur à celui trouvé par l'essai, ou seront rompus si le propriétaire le préfère.

LVII.

Lorsque le titre d'un ouvrage d'or ou d'argent sera trouvé inférieur au plus bas des titres prescrits par la loi, il pourra être procédé à un second essai, mais seulement sur la demande du propriétaire.

Si le second essai est confirmatif du premier, le propriétaire paiera le double essai, et l'ouvrage lui sera remis après avoir été rompu en sa présence.

Si le premier essai est infirmé par le second, le propriétaire n'aura qu'un seul essai à payer.

LVIII.

En cas de contestation sur le titre, il sera fait une prise d'essai sur l'ouvrage, pour être envoyée, sous les cachets du fabricant et de l'essayeur, à l'administration des monnaies, qui la fera essayer dans son laboratoire, en présence de l'inspecteur des essais.

LIX.

Pendant ce temps, l'ouvrage présenté sera laissé au bureau de garantie, sous les cachets de l'essayeur et du fabricant; et, lorsque l'administration des monnaies aura fait connaître le résultat de son essai, l'ouvrage sera définitivement titré et marqué conformément à ce résultat.

LX.

Si c'est l'essayeur qui se trouve avoir été en défaut, les frais de transport et d'essai seront à sa charge : au cas contraire, ils seront supportés par le propriétaire de l'objet.

LXI.

Lorsqu'un ouvrage d'or, d'argent, ou de vermeil, quoique marqué d'un poinçon indicatif de son titre, sera soupçonné de n'être pas au titre indiqué, le propriétaire pourra l'envoyer à l'administration des monnaies, qui le fera essayer avec les formalités prescrites pour l'essai des monnaies.

Si cet essai donne un titre plus bas, l'essayeur sera dénoncé aux tribunaux, et condamné, pour la première fois, à une amende de deux cents francs; pour la seconde, à une amende de six cents francs; et la troisième fois, il sera destitué.

LXII.

Le prix d'un essai d'or, de doré, et d'or tenant argent, est fixé à trois francs, et celui d'argent à quatre-vingts centimes (seize sous).

LXIII.

Dans tous les cas, les cornets et boutons d'essai seront remis au propriétaire de la pièce.

LXIV.

L'essai des menus ouvrages d'or par la pierre de touche, sera payé neuf centimes par décagramme (deux gros quarante-quatre grains et demi environ) d'or

LXV.

Si l'essayeur soupçonne aucun des ouvrages d'or, de vermeil, ou d'argent, d'être fourré de fer, de cuivre, ou de toute autre matière étrangère, il le fera couper en présence du propriétaire. Si la fraude est reconnue, l'ouvrage sera saisi et confisqué, et le délinquant sera dénoncé aux tribunaux, et condamné à une amende de vingt fois la valeur de l'objet.

Mais, dans le cas contraire, le dommage sera payé sur-le-champ au propriétaire, et passé en dépense comme frais d'administration.

LXVI.

Les lingots d'or et d'argent non affinés qui seraient apportés à l'essayeur du bureau de garantie pour être essayés, le seront par lui, sans autres frais que ceux fixés par la loi pour les essais. Ces lingots, avant d'être rendus au propriétaire, seront marqués du poinçon de l'essayeur, qui en outre insculpera son nom, des chiffres indicatifs du vrai titre, et un numéro particulier.

L'essayeur fera mention de ces divers objets sur son registre, ainsi que du poids des matières essayées.

LXVII.

L'essayeur qui contreviendrait au précédent article, serait condamné à une amende de cent

francs pour la première fois, de deux cents fr.
pour la seconde ; et la troisième fois, il serait
destitué.

LXVIII.

L'essayeur d'un bureau de garantie peut
prendre , sous sa responsabilité , autant d'aides
que les circonstances l'exigeront.

LXIX.

Le receveur et le contrôleur du bureau de
garantie feront respectivement mention sur
leurs registres, de l'apposition qu'ils auront
faite, soit du poinçon de vieux, soit de celui
d'étranger, soit de celui de recense, sur les ouvrages qui auront dû en être revêtus , ainsi
que du poinçon de garantie sur les lingots
affinés, de la perception des droits qui aura
pu en résulter, et du poids de chaque objet.

LXX.

Le contrôleur visera les états de recettes et
de dépenses du bureau.

LXXI.

Les employés des bureaux de garantie feront
les recherches, saisies ou poursuites, dans les
cas de contravention à la présente loi, comme
il sera dit au titre VIII.

TITRE VI.

SECTION PREMIÈRE.

*Des obligations des fabricants et marchands d'ou-
vrages d'or et d'argent.*

LXXII.

Les anciens fabricants d'ouvrages d'or et
d'argent, et ceux qui voudront exercer cette
profession, sont tenus de se faire connaître à
l'administration de département et à la municipalité du canton où ils résident, et de faire
insculper dans cés deux administrations leur
poinçon particulier, avec leur nom, sur une
planche de cuivre à ce destinée. L'administration de département veillera à ce que le même
symbole ne soit pas employé par deux fabricants de son arrondissement.

LXXIII.

Quiconque se borne au commerce d'orfévrerie sans entreprendre la fabrication, n'est
tenu que de faire sa déclaration à la municipalité de son canton, et est dispensé d'avoir
un poinçon.

LXXIV.

Les fabricants et marchands d'or et d'argent
ouvrés ou non ouvrés, auront, un mois au
plus tard après la publication de la présente

loi, un registre cotté et paraphé par l'administration municipale, sur lequel ils inscriront la nature, le nombre, le poids et le titre, des matières et ouvrages d'or et d'argent qu'ils acheteront ou vendront, avec les noms et demeure de ceux de qui ils les auront achetés.

LXXV.

Ils ne pourront acheter que des personnes connues ou ayant des répondants à eux connus.

LXXVI.

Ils sont tenus de présenter leurs registres à l'autorité publique toutes les fois qu'ils en seront requis.

LXXVII.

Ils porteront au bureau de garantie dans l'arrondissement duquel ils sont placés, leurs ouvrages, pour y être essayés, titrés et marqués, ou, s'il y a lieu, être simplement revêtus de l'une des empreintes de poinçons prescrites à la deuxième section du titre Ier.

LXXVIII.

Ils mettront dans le lieu le plus apparent de leur magasin ou boutique, un tableau énonçant les articles de la présente loi relatifs aux titres et à la vente des ouvrages d'or et d'argent.

LXXIX.

Ils remettront aux acheteurs, des bordereaux

énonciatifs de l'espèce du titre et du poids des ouvrages qu'ils leur auront vendus, et désignant si ce sont des ouvrages neufs ou vieux.

Ces bordereaux, préparés d'avance, et qui seront fournis au fabricant ou marchand par la régie de l'enregistrement, auront, dans toute la France, le même formulaire, qui sera imprimé : le vendeur y écrira à la main la désignation de l'ouvrage vendu, soit en or, soit en argent, son poids, et son titre, distingué par ces mots, *premier, second,* ou *troisième,* suivant la réalité ; il y mettra de plus le nom de la commune où se fera la vente, avec la date et sa signature.

LXXX.

Les contrevenants à l'une des dispositions prescrites dans les huit articles précédents, seront condamnés, pour la première fois, à une amende de 200 francs; pour la seconde, à une amende de 500 francs, avec affiche, à leurs frais, de la condamnation, dans toute l'étendue du département; la troisième fois, l'amende sera de mille francs, et le commerce de l'orfévrerie leur sera interdit, sous peine de confiscation de tous les objets de leur commerce.

LXXXI.

Les articles LXXIII, LXXIV, LXXV, LXXVI, LXXVIII, LXXIX et LXXX sont applicables aux fabricants et marchands de galons, tissus, broderies, ou autres ouvrages en fils d'or ou d'argent.

Ceux qui vendraient pour fins des ouvrages en or ou en argent faux, encourront, outre la restitution de droit à celui qu'ils auraient trompé, une amende qui sera de 200 francs pour la première fois; de 400 francs pour la seconde fois, avec affiche de la condamnation, aux frais du délinquant, dans tout le département; et la troisième fois, une amende de mille francs, avec interdiction de tout commerce d'or et d'argent.

LXXXII.

Les fabricants et marchands orfèvres sont tenus, dans le délai de six mois, à compter de la publication de la présente loi, de porter au bureau de garantie de leur arrondissement, leurs ouvrages neufs d'or, d'argent et de vermeil, marqués des anciens poinçons, pour y faire mettre l'empreinte d'un poinçon de recense, qui sera déterminé à cet effet par l'administration des monnaies.

Ces ouvrages d'ancienne fabrication ne seront soumis à d'autre vérification préalable que celle de la marque et des poinçons anciens, et cette vérification sera sans frais; mais le délai expiré, les ouvrages seront soumis à l'essai, titrés, s'il y a lieu, et paieront le droit de garantie.

LXXXIII.

Les ouvrages non revètus de l'ancien poinçon qui opérait la décharge, seront pareillement présentés au bureau de garantie de l'arrondissement, à l'effet d'ètre marqués du poinçon du titre et de celui du bureau. Ces ouvrages paieront alors le droit de garantie.

LXXXIV.

Ces droits seront pareillement exigibles pour les ouvrages dits *de hasard*, qui, après le mème délai fixé par l'article LXXXII, ne se trouveraient marqués que des anciens poinçons.

LXXXV.

La loi garantit les conditions des engagements respectifs des orfèvres et de leurs élèves.

LXXXVI.

Les joailliers ne sont pas tenus de porter aux bureaux de garantie les ouvrages montés en pierres fines ou fausses, et en perles, ni ceux émaillés dans toutes les parties, ou auxquels sont adaptés des cristaux; mais ils auront un registre cotté et paraphé comme celui des marchands et fabricants d'ouvrages d'or et d'argent, à l'effet d'y inscrire, jour par jour, les ventes et les achats qu'ils auront faits.

LXXXVII.

Ils seront tenus, comme les fabricants et
marchands orfèvres, de donner aux acheteurs
un bordereau, qui sera également fourni par
la régie de l'enregistrement, et sur lequel ils
décriront la nature, la forme de chaque ouvrage, ainsi que la qualité des pierres dont il
sera composé, et qui sera daté et signé par eux.

LXXXVIII.

La contravention aux deux articles précédents sera punie des mêmes peines portées en
pareil cas contre les marchands orfèvres.

LXXXIX.

Il est aussi interdit aux joailliers de mêler
dans les mêmes ouvrages des pierres fausses
avec les fines, sans le déclarer aux acheteurs,
à peine de restituer la valeur qu'auraient eue
les pierres si elles avaient été fines, et de payer
en outre une amende de 3oo francs : l'amende
sera triple la seconde fois, et la condamnation
affichée dans tout le département, aux frais du
délinquant ; la troisième fois, il sera déclaré
incapable d'exercer la joaillerie, et les effets
composant son magasin seront confisqués.

XC.

Lorsqu'un orfèvre mourra, son poinçon sera
remis, dans l'espace de cinq décades après le

décès, au bureau de garantie de son arrondissement, pour y être biffé de suite.

Pendant ce temps, le dépositaire du poinçon
sera responsable de l'usage qui en sera fait,
comme le sont les fabricants en exercice.

XCI.

Si un orfèvre ou fabricant quitte le commerce, il remettra son poinçon au bureau de
garantie de l'arrondissement pour y être biffé
devant lui ; s'il veut s'absenter pour plus de
six mois, il déposera son poinçon au bureau
de garantie, et le contrôleur fera poinçonner
les ouvrages fabriqués chez lui en son absence.

SECTION II.

*Des obligations des marchands d'ouvrages d'or et
d'argent, ambulants.*

XCII.

Les marchands d'ouvrages d'or et d'argent,
ambulants ou venant s'établir en foire, sont
tenus, à leur arrivée dans une commune, de
se présenter à l'administration municipale, ou
à l'agent de cette administration dans les lieux
où elle ne réside pas, et de lui montrer les bordereaux des orfèvres qui leur auront vendu les
ouvrages d'or et d'argent dont ils sont porteurs.

A l'égard des ouvrages qu'ils auraient acquis

antérieurement à la présente loi, ou seulement deux mois après sa publication, ils seront
tenus de les déclarer au bureau de garantie de
l'arrondissement, pour les faire marquer de
suite, soit du poinçon de vieux, soit de celui
de recense, suivant l'espèce des objets; et cette
obligation remplie les dispensera de justifier de
l'origine desdits ouvrages.

XCIII.

La municipalité ou l'agent municipal fera
examiner les marques de ces ouvrages par des
orfèvres, ou, à défaut, par des personnes con-
naissant les marques et poinçons, afin d'en
constater la légitimité.

XCIV.

L'administration municipale, ou son agent,
fera saisir et remettre au tribunal de police
correctionnelle du canton, les ouvrages d'or
et d'argent qui ne seraient point accompagnés
de bordereaux, ou ne seraient pas marqués du
poinçon de vieux ou de recense, ainsi qu'il
est prescrit à l'article XCII, ou les ouvrages
dont les marques paraîtraient contrefaites, ou
enfin ceux qui n'auraient pas été déclarés conformément audit article XCII.

Le tribunal de police correctionnelle appliquera aux délits des marchands ambulants,
les mêmes peines portées dans la présente loi,

contre les orfèvres, pour des contraventions
semblables.

TITRE VII.

*De la fabrication du plaqué et doublé d'or et
d'argent sur tous métaux.*

XCV.

Quiconque veut plaquer ou doubler l'or et
l'argent sur le cuivre ou sur tout autre métal,
est tenu d'en faire la déclaration à sa municipalité, à l'administration de son département, et à celle des monnaies.

XCVI.

Il peut employer l'or et l'argent dans telle
proportion qu'il le juge convenable.

XCVII.

Il est tenu de mettre sur chacun de ses
ouvrages son poinçon particulier, qui a dû
être déterminé par l'administration des monnaies, ainsi qu'il est dit article XIV de la présente loi. Il ajoutera à l'empreinte de ce poinçon celle de chiffres indicatifs de la quantité
d'or ou d'argent contenue dans l'ouvrage, sur
lequel il sera en outre empreint, en toutes
lettres, le mot *doublé*.

XCVIII.

Le fabricant de doublé transcrira, jour par

jour, les ventes qu'il aura faites, sur un registre cotté et paraphé par l'administration
municipale. Il lui sera fourni par la régie de
l'enregistrement, des bordereaux en blanc,
comme aux orfèvres et joailliers; et il sera tenu
de remettre à chaque acheteur un de ces bordereaux, daté et signé par lui, et rempli de la
désignation de l'ouvrage, de son poids, et de
la quantité d'or et d'argent qui y est contenue.

XCIX.

En cas de contravention aux deux articles
précédents, les ouvrages sur lesquels portera
la contravention seront confisqués, et en outre
le délinquant sera condamné à une amende
qui sera, pour la première fois, de dix fois la
valeur des objets confisqués; pour la seconde
fois, du double de la première, avec affiche
de la condamnation dans toute l'étendue du
département, aux frais du délinquant; enfin,
la troisième fois, l'amende sera quadruple de
la première, et le commerce, ainsi que la fabrication d'or et d'argent, seront interdits au
délinquant, sous peine de confiscation de tous
les objets de son commerce.

C.

Le fabricant de doublé est assujéti, comme
le marchand orfèvre, et sous les mêmes peines,
à n'acheter des matières ou ouvrages d'or et

d'argent que de personnes connues ou ayant des répondants à eux connus.

TITRE VIII.

Des formes à observer dans les recherches, saisies et poursuites relatives aux contraventions à la présente loi.

CI.

Lorsque les employés d'un bureau de garantie auront connaissance d'une fabrication illicite de poinçons, le receveur et le contrôleur, accompagnés d'un officier municipal, se transporteront dans l'endroit ou chez le particulier qui leur aura été indiqué, et y saisiront les faux poinçons, les ouvrages et lingots qui en seraient marqués, ou enfin les ouvrages achevés et dépourvus de marques qui s'y trouveraient : ils pourront se faire accompagner, au besoin, par l'essayeur, ou par un de ses agents.

CII.

Il sera dressé, à l'instant, et sans déplacer, procès-verbal de la saisie et de ses causes, lequel contiendra les dires de toutes les parties intéressées, et sera signé d'elles : ledit procès-verbal sera remis, dans le délai de dix jours au plus, au commissaire du Gouvernement près le tribunal de police correctionnelle, qui de-

meure chargé de faire la poursuite également
dans le délai de dix jours.

CIII.

Les poinçons, ouvrages ou objets saisis, seront mis sous les cachets de l'officier municipal, des employés du bureau de garantie
présents, et de celui chez lequel la saisie aura
été faite, pour être déposés, sans délai, au
greffe du tribunal de police correctionnelle.

CIV.

Dans le cas où le tribunal prononcerait la
confiscation des objets saisis, ils seront remis
au receveur de la régie de l'enregistrement,
pour être vendus.

Il sera prélevé, sur le prix qui en provien-
dra, un dixième, qui sera donné à celui qui
aura le premier dénoncé le délit, et un second
dixième partageable, par portions égales, entre
les employés du bureau de garantie. Le surplus, ainsi que les amendes, seront versés dans
la caisse du receveur de l'enregistrement.

CV.

Les mêmes formes et dispositions prescrites
par les quatre articles précédents, auront lieu
également pour toutes les recherches, saisies
et poursuites relatives aux contraventions à la
présente loi.

CVI.

Les recherches ne pourront être faites qu'en se conformant à l'art. 369 de la constitution.

CV II.

Tout ouvrage d'or et d'argent achevé et non marqué, trouvé chez un marchand ou fabricant, sera saisi, et donnera lieu aux poursuites pardevant le tribunal de police correctionnelle. Les propriétaires des objets saisis encourront la confiscation de ces objets, et en outre, les autres peines portées par la loi.

CVIII.

Seront saisis également et confisqués tous les ouvrages d'or et d'argent sur lesquels les marques des poinçons se trouveront entées, soudées ou contre-tirées en quelque manière que ce soit; et le possesseur avec connaissance sera condamné à six années de fers.

CIX.

Les ouvrages marqués de faux poinçons seront confisqués dans tous les cas; et ceux qui les garderaient ou les exposeraient en vente avec connaissance, seront condamnés, la première fois, à une amende de 200 francs; la deuxième, à une amende de 400 francs, avec affiche de la condamnation dans tout le département, aux frais du délinquant; et la troisième fois, à une amende de 1000 francs, avec interdiction de tout commerce d'or et d'argent.

C X.

Tous citoyens, autres que les préposés à l'application des poinçons légaux, qui en emploieraient même de véritables, seront condamnés à un an de détention.

TITRE IX.

SECTION PREMIÈRE.

De l'affinage.

C X I.

La ferme de l'affinage national, qui comprend l'affinage de Paris et celui de Lyon, est et demeure supprimée.

C X I I.

La profession d'affiner et de départir les matières d'or et d'argent, est libre dans toute l'étendue de la France.

C X I I I.

Quiconque voudra départir et affiner l'or et l'argent pour le commerce, est tenu d'en faire la déclaration tant à sa municipalité qu'à l'administration du département, et à celle des monnaies ; il sera tenu registre desdites déclarations, et délivré copie au besoin.

C X I V.

L'affineur ne pourra recevoir que des matières qui auront été essayées et tirées par un essayeur public autre que celui qui devra juger des lingots affinés.

CXV.

L'affineur délivrera au porteur de ces matières une reconnaissance qui en désignera la nature, le poids, le titre tel qu'il aura été indiqué par l'essayeur, et le numéro.

CXVI.

Les affineurs tiendront un registre cotté et paraphé par l'administration de département, sur lequel ils inscriront jour par jour, et par ordre de numéros, la nature, le poids et le titre des matières qui leur seront apportées à affiner, et de même pour les matières qu'ils rendront après l'affinage.

CXVII.

Ils seront tenus d'insculper leurs noms en toutes lettres sur les lingots affinés provenant de leurs travaux ; et, avant de les rendre aux propriétaires, ils porteront lesdits lingots affinés au bureau de garantie, pour y être essayés, marqués, et y acquitter le droit prescrit par la loi.

CXVIII.

Les lingots affinés, apportés au bureau de garantie, ne seront passés en délivrance que dans le cas où ils ne contiendraient pas plus de cinq millièmes d'alliage, si c'est de l'or, et vingt millièmes, si c'est de l'argent.

CXIX.

Lorsque les lingots seront reconnus bons à passer en délivrance, le receveur, après avoir perçu les droits, et le contrôleur, tireront le poinçon de garantie de la caisse où il doit être renfermé, et ce poinçon sera appliqué par le contrôleur, en multipliant les empreintes de manière que l'une des grandes surfaces de chaque lingot en soit entièrement couverte.

CXX.

L'affineur acquittera les frais d'essai et les droits au bureau de garantie, et en prendra récépissé, pour pouvoir s'en faire rembourser par les propriétaires des lingots.

CXXI.

L'affineur qui contreviendrait aux dispositions des articles CXIII, CXIV, CXV et CXVI, encourra les peines portées à l'article LXXX contre les marchands orfèvres.

CXXII.

Les lingots et matières d'or et d'argent affinés qui seraient trouvés dans le commerce sans être revêtus du poinçon du bureau de garantie, seront confisqués; et l'affineur qui les aurait délivrés, sera condamné à 500 francs d'amende.

CXIII.

Le contrôleur du bureau de garantie est autorisé à prélever des prises d'essai sur les matières fines apportées au bureau ; ces prises d'essai seront mises en réserve sous une enveloppe portant le numéro du lingot d'où elles proviennent, et scellées du cachet de l'affineur et de celui de l'essayeur.

Le contrôleur aura la garde du paquet contenant ces prises d'essai.

CXXIV.

Si, dans le courant d'un mois, il ne s'élève aucune réclamation sur la validité du titre indiqué par l'essayeur du bureau de garantie, le contrôleur remettra le paquet cacheté, contenant les prises d'essai, à l'affineur, qui lui en donnera décharge : dans le cas contraire, le paquet sera adressé à l'administration des monnaies, qui fera vérifier l'essai sans délai.

CXXV.

Si cette vérification fait connaître une erreur sur le titre indiqué, l'essayeur qui aura commis cette erreur sera tenu de payer à la personne lésée la totalité de la différence de valeur qui en sera résultée.

L'essayeur d'un bureau de garantie qui aura été pris trois fois en faute de cette manière, sera destitué.

SECTION II.

De l'affinage national.

CXXVI.

L'affinage national est conservé à Paris pour le service des monnaies; le public a la faculté d'y faire affiner ou départir des matières d'or et d'argent contenant or.

Le Gouvernement pourra établir d'autres affinages nationaux, si les besoins de la fabrication des monnaies l'exigent, et sur la demande de l'administration chargée de ce service.

CXXVII.

L'affineur national sera nommé par l'administration des monnaies, sous l'approbation du ministre des finances.

CXXVIII.

Les matières apportées à l'affinage national seront inscrites sur un registre cotté et paraphé par le commissaire du Gouvernement près l'administration des monnaies.

CXXIX.

L'affineur national se conformera, relativement à l'affinage des matières qui lui seraient apportées par des particuliers, à tout ce qui est prescrit, dans la section précédente, aux affineurs libres pour le commerce : les peines portées contre ceux-ci, en cas de contravention, seront applicables à l'affineur national.

CXXX.

L'affineur national sera tenu d'avoir un fonds en matières d'or et d'argent, capable d'assurer le service national.

CXXXI.

Il ne pourra garder les lingots à affiner plus de cinq jours, non compris les jours d'entrée et de sortie de ces lingots.

CXXXII.

L'affineur national fournira un cautionnement en immeubles de la valeur de cent mille francs, pour répondre des matières d'or et d'argent qui lui seront livrées.

CXXXIII.

Lesdites matières affinées par l'affineur national seront portées à la chambre de délivrance des monnaies, et remises au caissier, où elles seront empreintes du poinçon national dans toute l'étendue de l'une des grandes surfaces du lingot.

CXXXIV.

Les lingots affinés appartenant à l'État porteront le nom de l'affineur national, et le titre en sera déterminé suivant la forme prescrite par l'article LI de la loi sur l'organisation des monnaies.

CXXXV.

L'affineur national est autorisé à porter en compte, pour frais d'affinage ou départ des matières nationales, SAVOIR :

Pour les lingots d'or (et sont réputés tels ceux qui contiennent plus que la moitié de leur poids en or), 24 francs 53 centimes par kilogramme d'or fin passé en délivrance;

Pour les matières d'argent doré contenant or, 10 francs 22 centimes par kilogramme de matière brute, c'est-à-dire telle qu'elle était avant l'affinage ;

Et pour les lingots d'argent, 3 francs 27 centimes par kilogramme d'argent pur.

Lesdits frais seront acquittés par le caissier de la monnaie.

TITRE X.

De l'argue.

CXXXVI.

Il y a dans l'enceinte de l'hôtel des monnaies de Paris, une argue destinée à dégrossir et tirer les lingots d'argent et de doré.

Lorsque les besoins de la fabrication l'exigeront, le Gouvernement pourra établir des argues dans d'autres lieux, sur la demande motivée de l'administration de département, et sur l'avis de celle des monnaies.

CXXXVII.

Les tireurs d'or et d'argent sont tenus de porter leurs lingots aux argues nationales, pour y être dégrossis, marqués, et tirés.

CXXXVIII.

Ils y paieront, pour prix de ce travail, savoir :

Pour les lingots de doré, et lorsque les propriétaires auront leurs filières, 5o centim. par hectogramme (trois onces deux gros douze grains); et lorsqu'ils n'auront pas de filières, 75 centimes ;

Pour les lingots d'argent, 12 centimes par hectogramme, lorsque les propriétaires auront des filières; et quand ils n'en auront pas, 25 centimes.

CXXXIX.

L'administration des monnaies est chargée de l'établissement et entretien du service de l'argue, sans cependant pouvoir ajouter de nouveaux préposés à ceux qu'ell a déja sous son autorité : elle passera en dépense les frais de l'argue, et en fera verser les produits dans la caisse du caissier de la monnaie; et, chaque année, elle rendra sur le tout un compte séparé au ministre des finances, qui le mettra sous les yeux du Gouvernement, pour être transmis au corps législatif.

LOI

Contenant une nouvelle rédaction de l'article XVII de la loi du 19 brumaire an VI, (9 novembre 1797) relative à la perception des droits sur les matières d'or et d'argent.

Du 26 frimaire an VI. (16 décembre 1797.)

ARTICLE PREMIER.

L'ARTICLE XVII de la loi du 19 brumaire dernier, relative à la perception des droits sur les matières et ouvrages d'or et d'argent, est rapporté, et il y sera substitué la rédaction suivante :

« Tous les poinçons désignés dans les articles X, XI, XII, XIII, XV et XVI, sont fabri-« qués par le graveur des monnaies, sous la « surveillance de l'administration des mon-« naies, qui les fait parvenir dans les divers « bureaux de garantie, et en conserve les ma-« trices. »

LOI

Relative au traitement des essayeurs dans les bureaux de garantie du titre des matières d'or et d'argent.

Du 13 germinal an VI. (2 avril 1798.)

ARTICLE PREMIER.

LE ministre des finances pourra, sous l'autorisation du gouvernement , accorder aux essayeurs des bureaux de garantie , un traitement qui pourra être porté jusqu'à la somme de 400 francs par an, lorsque le produit des essais faits pendant l'année ne se sera pas élevé à 600 francs , déduction faite des frais.

II.

Les citoyens qui se présenteront dans les départements pour y remplir la place d'essayeur dans un bureau de garantie , pourront, jusqu'au 1ᵉʳ vendémiaire de l'an VIII (22 septembre 1798), être examinés par des artistes connus qui se trouveraient le plus à portée, et commis à cet effet par l'administration des monnaies, sous l'autorisation du ministre des finances. L'administration des monnaies, sur le rapport de l'examinateur désigné par elle, pourra accorder au candidat un certificat de capacité, qui lui tiendra lieu de celui exigé par l'article XXXVIII de la loi du 19 brumaire an VI (9 novembre 1797).

III.

Lorsqu'il ne se sera pas présenté, pour un bureau de garantie, d'essayeur assez instruit, le contrôleur en tiendra lieu, et procédera de la manière suivante :

1º Il fera l'essai au touchaud des pièces qui doivent être soumises à cet essai.

2º Il formera des prises d'essai des autres pièces, et les enverra, sous son cachet et sous celui du fabricant, au bureau de garantie le plus voisin qui sera pourvu d'un essayeur. Celui-ci fera les essais, et enverra sa déclaration des résultats.

3º Cette déclaration reçue, le contrôleur et le receveur apposeront les poinçons, en conformité de la loi du 19 brumaire an VI (9 novembre 1797).

IV.

Les fonctions d'essayeur dans un bureau de garantie, ne pourront, en aucun cas, être remplies par un citoyen exerçant la profession du fabricant d'ouvrages d'or et d'argent.

ARRÊTÉS ET PROCLAMATION

DU DIRECTOIRE EXÉCUTIF,

Relatifs aux matières et ouvrages d'or et d'argent.

Des 15 prairial et 1ᵉʳ messidor an VI. (3 et 19 juin 1798.)

———————

1ᵉ Arrêté qui ordonne l'établissement de bureaux de garantie pour faire l'essai et constater les titres des matières et ouvrages d'or et d'argent.

Du 15 prairial an VI. (3 juin 1798.)

Le directoire exécutif, vu la loi du 19 brumaire dernier (9 novembre 1797), les demandes formées par les administrations centrales de département, d'après l'article XXXV du titre IV de ladite loi, l'avis de l'administration des monnaies, et sur le rapport du ministre des finances,

Arrête :

ARTICLE PREMIER.

Il sera établi, dans les communes comprises dans l'état annexé au présent arrêté, des bureaux de garantie pour faire l'essai et constater les titres des lingots ainsi que des ouvrages d'or et d'argent, et pour percevoir les droits établis par la loi.

II.

Les arrondissements desdits bureaux seront tels qu'ils sont désignés dans le même état.

III.

Le ministre des finances est chargé de l'exécution du présent arrêté, qui sera inséré au bulletin des lois.

*Établissement des Bureaux de garantie créés par la loi du
19 brumaire an VI (9 novembre 1797), pour faire l'essai
et constater les titres des ouvrages d'or et d'argent, ainsi
que des lingots de ces matières qui y seront apportés, et
pour percevoir, lors de la marque de ces ouvrages ou
matières, les droits imposés par la loi.*

DÉPARTEMENTS.	PLACEMENT DES BUREAUX.	
	COMMUNES.	LIEUX COMPRIS dans L'ARRONDISSEMENT.
Ain	Trévoux	Tout le département.
Aisne	Laon	Les ci-devant districts de Laon, Chauny, St.-Quentin, et Vervins.
	Soissons	Les ci-devant districts de Soissons et Château-Thierry,
Allier	Moulins	Tout le département.
Basses-Alpes	Digne	Tout le département.
Hautes-Alpes	Gap	Tout le département.
Alpes-Maritimes	Nice	Tout le département.
Ardèche	Aubenas	Tout le département.
Ardennes	Mezières	Tout le département.
Arriége	Foix	Tout le département.
Aube	Troyes	Tout le département.
Aude	Carcassonne	Tout le département.
Aveyron	Rhodès	Tout le département.
Bouches-du-Rhône	Marseille	Le ci-devant district de Marseille.
	Aix	Les ci-devant districts d'Aix, Salon, et Apt.
	Tarascon	Les ci-devant districts d'Arles et Tarascon.
Calvados	Caen	Tout le département.
Cantal	Aurillac	Tout le département.
Charente	Angoulême	Tout le département.
Charente-Inférieure	La Rochelle	Les ci-devant districts de la Rochelle, Rochefort et St.-Jean-d'Angely.
	Saintes	Les ci-devant districts de Pons, Moulieu, Saintes, et Marenne.

DÉPARTEMENTS.	PLACEMENT DES BUREAUX.	
	COMMUNES.	LIEUX COMPRIS dans L'ARRONDISSEMENT.
Cher............	*Bourges*.........	Tout le département.
Corrèze.........	*Tulles.*	Tout le département.
Côtes-du-Nord....	*Port-Brieux*	Tout le département.
Côte-d'Or........	*Dijon*	Les ci-devant districts de Dijon, Beaune, Saint-Jean et Is-sur-Tille.
	Semur.	Les ci-devant districts de Semur, Arnay et Châtillon.
Creuse..........	*Guéret*	Tout le département.
Dordogne........	*Périgueux.*......	Tout le département.
Doubs..........	*Besançon.*	Tout le département.
Drôme..........	*Valence.*.........	Tout le département.
Dyle...........	*Bruxelles*	L'arrondissement des tribunaux de police correctionnelle établis à Bruxelles et à Nivelle.
	Louvain........	L'arrondissement de tribunaux de police correctionnelle de Louvain, Diest, et Sodoigne.
Escaut..........	*Gand*	Cantons de Gand, Loechristy, Sterghem, Teclor, Waerschoot, Sleydingue, Lebbecke, Tirmonde, Oveirmer, Lekeren; Zèle, Hamme; Tamiso, Belsecle, St.-Nicolas, Haesdone, Beveren, St.-Gelis, Assinede, Maldeghem, Capricke, Estbourg, Issendike, Hurtz, Axel, et l'Écluse.
	Audenarde.......	Audenarde, Nevel, Degaze, Nazareth, Ustersacle, Ninove, Grammont, Sotteger, Sommergem, Lede, Wetteren, Alost, Hersecle, Nederbrakel, Renaix, Quarremont, Nederswalm, Nederboulars.
Eure...........	*Évreux.*.........	Les ci-devant districts d'Evreux, Verneuil et Bernay.
	Louviers.........	Les ci-devant districts de Louviers, Les Andelys et Pont-Audemer.

| DÉPARTEMENTS. | PLACEMENT DES BUREAUX | |
	COMMUNES.	LIEUX COMPRIS dans L'ARRONDISSEMENT.
Eure-et-Loir......	Charres..........	Tout le département.
Finistère	Quimper.........	Les ci-devant districts de Quimper, Pont-Croix, Châteaulin, et Quimperlé.
	Brest...........	Les ci-devant districts de Brest, Landernau, Lesneven, et Morlaix.
Forêts..........	Luxembourg......	Tout le département.
Gard..........	Nimes..........	Les ci-devant districts de Nimes, Beaucaire, Sommières, Uzès, Pont-St.-Esprit, et St.-Hippolyte.
	Alais...........	Les ci-devant districts d'Alais et le Vigan.
Haute-Garonne....	Toulouse.........	Tout le département.
Gers..........	Auch..........	Tout le département.
Gironde	Bordeaux........	Tout le département.
Hérault..........	Montpellier.......	Tout le département.
Ille-et-Vilaine	Rennes..........	Les ci-devant districts de Rennes, Fougère, Vitré, la Guerche, Boin, Redon, et Montfort.
	Port-Malo.......	Les ci-devant districts de Dol et Port-Malo.
Indre..........	Châteauroux	Tout le département.
Indre-et-Loire....	Tours	Tout le département.
Isère..........	Grenoble........	Tout le département.
Jemmape	Mons	Tout ce qui compose l'arrondissement des tribunaux de police correctionnelle établis à Mons et Fontaine-l'Évêque.
	Tournay.........	Tout ce qui compose l'arrondissement du tribunal de police correctionnelle établi à Tournay.
Jura..........	Lons-le-Saunier. ..	Tout le département.
Landes..........	Mont-de-Marsan ..	Tout le département.
Loir-et-Cher......	Blois.	Tout le département.
Loire..........	Montbrison.......	Tout le département.
Haute-Loire......	Puy-en-Velay	Tout le département.
Loire-Inférieure...	Nantes..........	Tout le département.
Loiret..........	Orléans..........	Tout le département.

DÉPARTEMENTS.	PLACEMENT DES BUREAUX	
	COMMUNES.	LIEUX COMPRIS dans L'ARRONDISSEMENT.
Lot...............	Cahors..........	Les ci-devant districts de Caho et Gourdon.
	Montauban......	Les ci-devant districts de Montan bau et Lauzerte.
	Figeac..........	Les ci-devant districts de Figea et Céré.
Lot-et-Garonne...	Agen...........	Tout le département.
Lozère...........	Mendes.........	Tout le département.
Lys.............	Bruges.........	Tout ce qui compose l'arrondisse ment du tribunal de police cor rectionnelle de Bruges.
	Ypres..........	Tout ce qui compose les arron dissements des tribunaux de po lice correctionnelle établis à Ypres et Courtray.
Maine-et-Loire....	Angers..........	Tout le département.
Manche..........	Saint-Lo........	Les ci-devant districts de St.-Lo, Coutances, Avranches, et Mor tain.
	Valogne........	Les ci-devant districts de Cher bourg, Valogne, et Carentan.
Marne..........	Châlons........	Les ci-devant districts de Châlons, Sainte-Ménehould, Vitry, et Sézanne.
	Reims..........	Les ci-devant districts de Reims et Epernay.
Haute-Marne.....	Chaumont.......	Les ci-devant districts de Chau mont, Bourmont, Joinville, et St.-Dizier.
	Langres........	Les ci-devant districts de Langres et Bourbonne.
Mayenne........	Laval.........	Tout le département.
Meurthe........	Nanci..........	Les ci-devant districts de Nanci, Pont-à-Mousson, Toul, et Ve zelise.
	Lunéville.......	Les ci-devant districts de Lune ville, Vic, Dieuse, Sarrebourg, et Blamont.

DÉPARTEMENTS.	PLACEMENT DES BUREAUX.	
	COMMUNES.	LIEUX COMPRIS dans L'ARRONDISSEMENT.
Meuse...........	Bar-sur-Ornain....	Les ci-devant districts de Bar-le-Duc, St.-Mihiel, Commercy, et Vaucouleurs.
	Verdun..........	Les ci-devant districts de Verdun, Clermont, Estain, et Stenay.
Meuse-Inférieure..	Maestricht.......	L'arrondissement des tribunaux de police correctionnelle de Maestricht et Hasselt.
	Ruremonde	L'arrondissement des tribunaux de police correctionnelle de Ruremonde.
Mont-Blanc......	Chambéry......	Tout le département.
Mont-Terrible....	Porentruy........	Tout le département.
Morbihan........	Vannes.........	Tout le département.
Moselle..........	Metz...........	Les ci-devant districts de Metz, Briey, Thionville, et Longwy.
	Sarguemines.....	Les ci-devant districts de Boulai, Sarre-Libre, Bitche, et Sarguemines.
Deux-Nèthes.....	Anvers..........	Tout le département.
Nievre..........	Nevers..........	Tout le département.
Nord...........	Lille...........	Le ci-devant district de Lille.
	Valenciennes.....	Les ci-devant districts de Douai, Cambray, le Quesnoy, Avesne, et Valenciennes.
	Dunkerque......	Les ci-devant districts de Hazebrouck et Bergues.
Oise...........	Beauvais........	Tout le département.
Orne..........	Alencon.........	Tout le département.
Ourte.........	Liége..........	Tout le département.
Pas-de-Calais.....	Arras..........	Les ci-devant districts d'Arras, St.-Pol, Béthune, et Bapaume.
	Saint-Omer......	Les ci-devant districts de Montreuil, Boulogne, Calais et St.-Omer.
Puy-de-Dôme.....	Clermont-Ferrand.	Tout le département.
Basses-Pyrénées...	Pau...........	Les ci-devant districts d'Orthès, Pau, et Oléron.
	Bayonne........	Les ci-devant districts de Mauléon, St.-Palais, et Ustaritz.
Hautes-Pyrénées..	Tarbes.........	Tout le département.

DÉPARTEMENTS.	PLACEMENT DES BUREAUX.	
	COMMUNES.	LIEUX COMPRIS dans L'ARRONDISSEMENT.
Pyrénées-Orientales	Perpignan.	Tout le département.
Bas-Rhin.	Strasbourg.	Tout le département.
Haut-Rhin	Colmar.	Tout le département.
Rhône.	Lyon.	Tout le département.
Sambre-et-Meuse.	Namur.	Tout le département.
Haute-Saône.	Vesoul.	Tout le département.
Saône-et-Loire. . . .	Mâcon.	Tout le département.
Sarthe.	Le Mans.	Tout le département.
Seine.	Paris.	Tout le département.
Seine-Inférieure. . .	Rouen.	Les ci-devant districts de Rouen et Gournay.
	Dieppe.	Les ci-devant districts de Dieppe et Neufchâtel.
	Havre.	Les ci-devant districts de Caudebec, Montivilliers, et Cany.
Seine-et-Marne. . .	Melun.	Tout le département.
Seine-et-Oise. . . .	Versailles.	Tout le département.
Deux-Sèvres.	Niort.	Les ci-devant districts de Niort, St.-Maixent, et Melle.
	Thouars.	Les ci-devant districts de Thouars, Chevillou, et Parthenay.
Somme.	Amiens.	Tout le département.
Tarn.	Castres.	Tout le département.
Var.	Toulon.	Les ci-devant districts de Toulon, Hières, Brignoles, Barjols et St.-Maximin.
	Grasse.	Les ci-devant districts de Grasse, Fréjus, et Draguignan.
Vaucluse.	Avignon.	Tout le département.
Vendée.	Fontenai-le-Peuple.	Tout le département.
Vienne.	Poitiers.	Tout le département.
Haute-Vienne. . . .	Limoges.	Tout le département.
Vosges. . . . . . . :	Épinal.	Tout le département.
Yonne.	Auxerre.	Les ci-devant districts d'Auxerre, Tonnerre, Saint-Fargeau, et Avalon.
	Sens.	Les ci-devant districts de sens, Joigny, et Saint-Florentin.

Arrêté du Directoire exécutif, contenant désignation des ouvrages de joaillerie en or et argent, qui sont dispensés de l'essai, et du paiement des droits de garantie.

Du 1er messidor an VI (19 juin 1798).

Le Directoire exécutif étant informé que par une fausse interprétation des articles LXXXVI et LXXXVII de la loi du 19 brumaire an VI (31 octobre 1797), concernant la surveillance du titre et la perception du droit de garantie des matières d'or et d'argent, les joailliers, marchands et fabricants orfèvres prétendent que les ouvrages d'or et d'argent, de quelques poids et forme qu'ils soient, doivent être dispensés de l'essai, ainsi que du paiement dudit droit, lorsqu'ils ont sur quelque partie de leur surface, des pierres ou des perles fines ou fausses, de l'émail ou des cristaux; et voulant faire cesser une erreur aussi contraire à l'esprit et aux dispositions de la loi précitée, que préjudiciable au commerce national, à l'intérêt des citoyens et aux revenus de l'État,

Arrête :

ARTICLE PREMIER.

Les ouvrages de joaillerie dont la monture est très-légère et contient des pierres ou perles fines ou fausses, des cristaux, dont la surface

est entièrement émaillée, ou enfin qui ne pourraient supporter l'empreinte des poinçons sans
détérioration , continueront d'être seuls dispensés de l'essai, et du paiement du droit de
garantie , qui a remplacé ceux de contrôle et
de marque des ouvrages d'or et d'argent.

II.

Tous les autres ouvrages de joaillerie et d'orfévrerie , sans distinction ni exception, auxquels seraient adaptés, en quelque nombre que
ce soit, des pierres ou des perles fines ou fausses,
des cristaux, ou qui seraient émaillés, seront
sujets à l'essai, et au paiement du droit dont il
s'agit, ainsi qu'il est prescrit par la loi précitée.

III.

Les ministres des finances et de la police
générale sont chargés de l'exécution du présent arrêté, qui sera inséré au bulletin des lois.

*Proclamation du Directoire exécutif, concer-
nant l'application du poinçon de garantie
des matières et ouvrages d'or et d'argent dans
le département de la Seine.*

Du 1er messidor an VI (19 juin 1798).

Le Directoire exécutif, vu la loi du 19 brumaire an VI (10 novembre 1797), concernant
la surveillance du titre des matières et ouvrages
d'or et d'argent, et la perception du droit de

garantie desdites matières et ouvrages, et celle du 16 floréal même année, portant prorogation du délai accordé pour l'apposition, sans frais, d'un poinçon de recense sur ces ouvrages,

Déclare,

1° Que les poinçons pour la garantie des matières et ouvrages d'or et d'argent, dont la confection a été ordonnée par la première de ces lois, sont fabriqués, et qu'ils seront employés exclusivement à la marque des matières et ouvrages d'or et d'argent, dans le bureau de garantie du département de la Seine, établi à Paris, à compter de la date de la présente proclamation;

2° Que le nouveau délai de deux mois accordé par la seconde de ces lois pour faire apposer, sans frais, le poinçon de recense sur les ouvrages d'or et d'argent, commencera à compter de la même date, dans l'étendue du même département;

3° Que les essais des matières et ouvrages d'or et d'argent se feront à compter aussi de la même date, et dans le même département, suivant le mode prescrit par la loi du 19 brumaire an VI (10 novembre 1797).

La présente proclamation sera insérée au bulletin des lois, publiée et affichée dans la forme ordinaire, dans l'étendue du département de la Seine.

LOI

Qui maintient provisoirement l'exécution des réglements établis dans les départements du Jura, de la Haute-Saône, et du Mont-Terrible, relativement au titre et à la surveillance des ouvrages et matières d'or et d'argent, sur les ateliers et fabriques d'horlogerie.

Le 2 germinal an VII. (22 mars 1799.)

ARTICLE PREMIER.

LES réglements et le titre, établis pour la manufacture nationale de Besançon, par les arrêtés des représentants du peuple et du comité de salut public, confirmés par la loi du 7 messidor an III (25 juin 1795), ainsi que les coutumes et réglements établis dans les départements du Jura, de la Haute-Saône et du Mont-Terrible, relativement au titre et à la surveillance des ouvrages et matières d'or et d'argent, sur les ateliers et fabriques d'horlogerie, seront provisoirement conservés, jusqu'à ce que le Corps législatif ait, dans sa sagesse, adopté les moyens les plus propres à assurer l'existence et la prospérité de ces ateliers et fabriques.

II.

Le Directoire exécutif est chargé de prendre les mesures nécessaires pour assurer l'exécution de la présente loi.

ARRÊTÉ DU DIRECTOIRE EXÉCUTIF

*Concernant l'inscription des ouvrages dé-
posés chez les orfèvres paur les raccommoder, ou confiés à titre de nantissement.*

Le 16 prairial an VII. (4 juin 1799.)

L e Directoire exécutif, vu l'article XV de la
déclaration du 26 janvier 1749, qui enjoint,
à peine de 300 livres d'amende, aux orfèvres,
joailliers et autres fabricants ou marchands
d'or et d'argent, d'inscrire sur un registre les
ouvrages qui leur sont portés pour les raccommoder, ou qui leur sont donnés en nantissement ou en dépôt;

Considérant que cet article de l'ordonnance
du 26 janvier 1749 n'a pas été promulgué
dans les départements réunis par la loi du 9
vendémiaire an IV (1er octobre 1795), et qu'il
est important de donner à la législation en
cette partie toute l'uniformité dont elle est susceptible;

Qu'il est utile de rappeler les dispositions
de cet article à tous les tribunaux qui doivent
les appliquer,

Arrête que l'article XV de la déclaration du
26 janvier 1749 sera inséré au bulletin des
lois, à la suite du présent arrêté.

Déclaration du 26 janvier 1749.

ARTICLE XV.

« Enjoignons à tous orfèvres, joailliers, four-
« bisseurs, merciers, graveurs et autres tra-
« vaillant et fabricant des ouvrages d'or et d'ar-
« gent, de tenir des registres cottés et paraphés
« par l'un des officiers de l'élection, dans les-
« quels ils enregistreront jour par jour, par
« poids et espèces, la vaisselle et autres ou-
« vrages vieux ou réputés vieux, suivant l'ar-
« ticle III, qu'ils acheteront pour leur compte
« ou pour les revendre, ceux qui leur seront
« portés pour raccommoder, ou donnés en
« nantissement pour modèle ou dépôt, ou sous
« quelque prétexte que ce puisse être ; et ce,
« à l'instant que lesdits ouvrages leur auront
« été apportés ou qu'ils les auront achetés : se-
« ront aussi tenus de faire mention dans les-
« dits enregistrements, de la nature et qualité
« des ouvrages, et des armes qui y seront gra-
« vées, des noms et demeures des personnes à
« qui ils appartiennent, sans qu'ils puissent
« travailler aux ouvrages qui leur auraient été
« apportés pour raccommoder, qu'ils ne les
« aient portés sur leurs registres ; le tout à
« peine de confiscation et de trois cents livres
« d'amende ».

DÉCRET

*Relatif aux contraventions et délits con-
cernant la garantie des matières d'or
et d'argent.*

Le 28 floréal an XIII. (18 mai 1805.)

ARTICLE PREMIER.

Les dispositions de l'article 76 de la loi du 5
ventose an XIII (24 février 1805), concernant
les condamnations qui doivent être prononcées contre les contrevenants aux droits réunis, et celle de l'arrêté d'organisation de ces
droits, du 5 germinal de la même année, relatives à la répartition du produit des amendes
et confiscations et à la faculté de transiger sur
les procès-verbaux de saisie, ne sont point applicables aux délits et contraventions concernant la garantie des matières d'or et d'argent,
à l'égard desquelles la loi du 19 brumaire an VI
(9 novembre 1797) relative à la surveillance
du titre des matières et des ouvrages d'or et
d'argent, doit être exécuté; sauf en ce qui concerne la perception des droits de garantie, qui
a été attribuée à la régie des droits réunis,

dont les préposés peuvent néanmoins eux-
mêmes, ou concurremment avec les employés
des bureaux de garantie, constater les délits
et contraventions à la loi du 19 brumaire an
VI (9 novembre 1797), et poursuivre la condamnation des peines encourues, en remplissant les formalités prescrites par cette loi, et
sans qu'il puisse être transigé sur les délits et
contraventions.

II.

Le minitre des finances est chargé de l'exécution du présent décret.

ARRÊTÉ DU GOUVERNEMENT

Relatif aux permissions nécessaires pour l'établissement de presses, moutons, laminoirs, balanciers et coupoirs.

Le 3 germinal an IX. (24 mars 1801.

ARTICLE BREMIER.

LES dispositions des lettres patentes du 28 juillet 1783, qui obligent les entrepreneurs de manufactures, orfèvres, horlogers, graveurs, fourbisseurs, et autres artistes et ouvriers qui font usage de presses, moutons, laminoirs, balanciers, et coupoirs, à en obtenir la permission, seront exécutées selon leur forme et teneur.

II.

Cette permission sera délivrée, savoir, dans la ville de Paris, par le préfet de police; dans les villes de Bordeaux, Lyon, et Marseille, par les commissaires généraux de police; et dans toutes les autres communes de la France, par les maires de l'arrondissement.

III.

Ceux qui voudront obtenir lesdites permissions seront tenus de faire élection de domicile, de joindre à leur demande les plans figurés et l'état des dimensions de chacune desdites machines dont ils se proposeront de faire usage. Ils y joindront pareillement des certificats des officiers municipaux des lieux dans lesquels sont situés leurs ateliers et manufactures, lesquels certificats attesteront l'existence de leurs établissements, et le besoin qu'ils pourront avoir de faire usage desdites machines.

IV.

Aucuns graveurs, serruriers, forgerons, fondeurs et autres ouvriers ne pourront fabriquer aucune desdites machines pour tout individu qui ne justifierait pas de ladite permission : ils exigeront qu'elles leur soit laissée jusqu'au moment où ils livreront lesdites machines, afin d'être en état de la représenter lorsqu'ils en seront requis par l'autotité publique, sous les peines portées par lesdites lettres patentes.

V.

Ceux qui ont actuellement en leur possession des machines de la nature de celles ci-dessus, seront tenus d'en faire la déclaration, dans le délai de deux mois, à compter de la publication du présent arrêté, aux préfets et commissaires de police, et d'obtenir la permission de continuer à en faire usage, sous

les peines portées par lesdites lettres patentes.
V I.

Les ministres de la police générale, de la justice, et des finances sont chargés, chacun en ce qui le concerne, de l'exécution du présent arrêté, qui sera inséré au bulletin des lois.

Arrêté relatif à la marque des ouvrages de quincaillerie et de coutellerie.

Du 23 nivose an IX. (13 janvier 1801.)

ARTICLE PREMIER.

Les fabricants de quincaillerie et de coutellerie de la France, sont autorisés à frapper leurs ouvrages d'une marque particulière assez distincte des autres marques pour ne pouvoir être confondue avec elles : la propriété de cette marque ne sera assurée qu'à ceux qui l'auront fait empreindre sur des tables communes, déposées à cet effet dans l'une des salles du chef-lieu de la sous-préfecture. Il leur sera délivré un titre qui en constatera le dépôt.

II.

Le ministre de l'intérieur est chargé de l'exécution du présent arrêté, qui sera inséré au Bulletin des lois.

DÉCRET

Contenant des dispositions tendant à pré-venir ou à réprimer la contrefaçon des marques que les fabricants de quincaillerie et de coutellerie sont autorisés à mettre sur leurs ouvrages.

Le 5 septembre 1810.

TITRE PREMIER.

Dispositions générales.

ARTICLE PREMIER.

Il est défendu de contrefaire les marques que, par un arrêté du 23 nivose de l'an IX (13 janvier 1801), les fabricants de quincaillerie et de coutellerie sont autorisés à mettre sur leurs ouvrages. Tout contrevenant à cette disposition sera puni, pour la première fois, d'une amende de trois cents francs, dont le montant sera versé dans la caisse des hospices de la commune : en cas de récidive, cette amende sera double, et il sera condamné à un emprisonnement de six mois.

17

II.

Les objets contrefaits seront saisis et confisqués au profit du propriétaire de la marque; le
tout sans préjudice des dommages-intérêts qu'il
y aura lieu de lui adjuger.

III.

Nul ne sera admis à intenter action en contrefaçon de sa marque, s'il n'a fait empreindre
cette marque sur les tables communes établies
à cet effet, et déposées au tribunal de commerce, selon l'article 18 de la loi du 22 germinal an XI. (8 avril 1803.)

IV.

Dans les villes où il y a des conseils de pru-
d'hommes, les tables seront déposées en outre
au secrétariat de ces conseils, selon l'article 7
du décret du 11 juin 1809.

V.

Il sera dressé procès-verbal des dépôts sur
un registre en papier timbré, ouvert à cet effet,
et qui sera cotté et paraphé. Une expédition de
ce procès-verbal sera remise au propriétaire de
la marque, pour lui servir de titre contre les
contrefacteurs.

VI.

Tout particulier qui voudra s'assurer la propriété de sa marque, est tenu, conformément
à l'article 9, section Ire du titre II de notre dé-

cret du 11 juin 1809, de verser une somme de
six francs entre les mains du receveur de la
commune : cette somme, ainsi que toutes les
autres qui seraient comptées pour le même objet, seront mises à la disposition des prud'-
hommes ou du maire, et destinées à faire l'acquisition des tables et à les entretenir. Le préfet
en surveillera la comptabilité.

VII.

Il sera payé trois francs pour l'expédition du
procès-verbal de dépôt : tout greffier du tribunal
de commerce, tout secrétaire de conseil de
prud'hommes qui aurait exigé une somme plus
considérable, sera poursuivi comme concussionnaire.

TITRE II.

*De la saisie des objets dont la marque aurait été
contrefaite, et du Mode de procéder contre
les contrefacteurs.*

VIII.

La saisie des ouvrages dont la marque aurait
été contrefaite, aura lieu sur la simple requisition du propriétaire de cette marque : les officiers de police sont tenus de l'effectuer sur
la présentation du procès-verbal de dépôt; ils
renverront ensuite les parties devant le conseil
de prud'hommes, s'il y en a un dans la com-

mune; s'il n'y en a point, le juge de paix du canton prendra connaissance de l'affaire.

IX.

Le conseil de prud'hommes (ou le juge de paix) entendra d'abord les parties et leurs témoins; il prononcera ensuite son jugement, qui sera mis à exécution sans appel, ou à la charge de l'appel, avec ou sans caution, conformément aux dispositions du décret du 3 août présent mois.

X.

Dans le cas où la dénonciation pour contrefaçon ne serait point fondée, celui qui l'aura faite sera condamné à des dommages-intérêts proportionnés au trouble et au préjudice qu'il aurait causés.

XI.

Tout jugement emportant condamnation, rendu en matière de contrefaçon d'une marque, sera imprimé et affiché aux frais du contrefacteur. Les parties ne pourront, en aucun cas, transiger sur l'affiche et la publication.

XII.

Notre grand-juge ministre de la justice et nos ministres de la police et de l'intérieur sont chargés, chacun en ce qui le concerne, de l'exécution du présent décret, qui sera inséré au Bulletin des lois.

DÉCRET

Contenant réglement sur les armes à feu fabriquées en France, et destinées pour le commerce.

Le 14 décembre 1810.

Sur le rapport de notre ministre de l'intérieur;

Notre conseil d'état entendu,

Nous avons décrété et décrétons ce qui suit:

ARTICLE PREMIER.

Toutes les armes à feu des manufactures du royaume, et destinées pour le commerce, de quelque calibre et dimension qu'elles soient, seront assujeties, si elles ne le sont déja, ou continueront à être assujéties à des épreuves proportionnées à leur calibre.

II.

Les armes du commerce n'auront jamais le calibre de guerre, et pourront être regardées comme appartenant au Gouvernement, et être saisissables par lui, si leur calibre n'est pas au moins à deux millimètres au-dessus, ou au-dessous de ce calibre, qui est 177 millimètres (7

lignes 9 points), excepté les armes de traite,
qui ne doivent jamais circuler en France, mais
dont les dépôts doivent être faits dans les ports
de mer.

III.

Il sera nommé un éprouveur dans chacune
des villes où l'on fabrique des armes de commerce : le maire présentera, pour occuper cette
place, trois sujets qui lui auront été désignés
par les principaux fabricants d'armes à feu ; le
préfet choisira celui des trois qu'il jugera le
plus capable de faire les épreuves, et lui délivrera, à cet effet, une commission qui sera enregistrée à la mairie.

IV.

L'éprouveur sera obligé de tenir la mesure
de la poudre, et de la verser lui-même dans les
canons, comme aussi d'y placer les balles. La
poudre et les balles seront bourrées, séparément,
avec une baguette de fer de onze millimètres
de diamètre dans toute la longueur ; les bourres
seront faites avec un carré de fort papier gris,
de huit centimètres pour les grands calibres,
et de cinq centimètres pour les autres calibres.

L'éprouveur veillera soigneusement à ce que,
pendant·la charge, le trou de la lumière soit
bien bouché avec une cheville de bois.

V.

Les canons seront éprouvés horizontalement sur un banc, dans lequel ils se trouveront assujétis, de manière que le talon de la culasse soit appuyé contre une forte bande de fer, capable de résister au recul.

VI.

Les canons qui auront supporté l'épreuve, seront examinés par l'éprouveur. Ceux qu'il jugera bons, seront marqués du poinçon d'acceptation : ceux qu'il reconnaîtra défectueux, seront rendus au fabricant pour être raccommodés et pour subir une nouvelle épreuve, après laquelle la marque du poinçon sera apposée à ceux qui seront jugés bons; et ceux qui n'auront pas résisté à cette seconde épreuve, seront brisés avant d'être rendus au fabricant.

VII.

Le poinçon d'acceptation portera une empreinte particulière pour chaque ville de fabrication : cette empreinte sera déterminée par le préfet, sur la proposition du maire et du conseil municipal. Quand la ville aura des armes, et que le conseil municipal y consentira, le poinçon pourra porter l'empreinte des armes de la ville.

Il sera gravé trois poinçons pour chaque calibre : le premier sera déposé à la préfecture du département, le second à l'hôtel de la mairie, où l'un et l'autre serviront de matrice au besoin ; le troisième restera entre les mains de l'éprouveur, qui ne pourra le faire rectifier, si l'empreinte s'altère ou se déforme, qu'après vérification de l'esquisse sur une des deux matrices originales.

L'empreinte sera appliquée sur le tonnerre des canons, de manière à être facilement reconnue lorsque le fusil sera monté.

VIII.

Les fabricants, marchands et ouvriers canonniers ne pourront vendre aucun canon, sans qu'il ait été éprouvé et marqué du poinçon d'acceptation, à peine de trois cents francs d'amende pour la première fois, d'une amende double en cas de récidive, et de confiscation des canons ainsi mis en vente.

IX.

La charge des fusils de chasse, du calibre de trente-deux balles au kilogramme, sera de vingt grammes, et d'une balle de calibre;

La charge des canons de trente-six sera de dix-huit grammes;

La charge du calibre de quarante sera de dix-sept grammes;

La charge du calibre de quarante-quatre sera de seize grammes.

Celle du calibre de quarante-huit sera de quinze grammes;

Celle du calibre de cinquante-deux sera de quatorze grammes;

Celle du calibre de cinquante-six sera de treize grammes;

Celles de chaque paire de pistolets d'arçon ou de demi-arçon seront conformes aux charges ci-dessus, suivant les différents calibres, en telle sorte que la paire de canons de pistolets au calibre de cinquante-six, supportera la charge de poudre de treize grammes, ou six grammes et demi pour chaque pistolet, et ainsi des autres calibres;

Et quant à la charge de chaque pistolet de poche, elle sera de quatre grammes.

Toutes ces charges devront être faites avec de la poudre de chasse ordinaire, délivrée et attestée telle par la régie des poudres.

X.

Dans le cas où il serait demandé par des fabricants d'armes ou autres, une plus forte épreuve que celles ci-dessus prescrites, l'éprouveur sera tenu de charger les canons du calibre de trente-deux, à une quantité de poudre de la pesanteur de la balle de quarante-quatre; ceux du calibre de trente-six, à la pesanteur de la balle du calibre de quarante-huit; et ainsi des autres. Les canons qui auront subi cette épreuve extraordinaire, seront marqués deux fois du poinçon désigné par l'article VII.

XI.

L'éprouveur se pourvoira, à ses frais, d'un local commode ; le choix en sera approuvé par le maire : ce local sera uniquement destiné aux épreuves. L'éprouveur devra se pourvoir, également à ses frais, de mesures vérifiées et poinçonnées, analogues à chacun des calibres, et fournir les poudres et les balles.

Les jours d'épreuves demeurent fixés aux mercredi et samedi de chaque semaine, depuis une heure après midi jusqu'à la nuit, sauf à devancer les épreuves d'un jour, si le mercredi ou le samedi était un jour férié.

Aux jours et heures qui viennent d'être désignés, l'éprouveur se trouvera assidument au lieu des épreuves, pour y recevoir les canons et les éprouver de suite, dans l'ordre et le rang où on les lui présentera.

XII.

Il sera payé à l'épouveur,

	cent.
Pour chaque charge d'un canon de calibre de trente-deux et de trente-six grammes.	34
Idem. du calibre de quarante et de quarante-quatre grammes.	26
Idem. du calibre de quarante-huit, cinquante-deux et cinquante-six grammes.	23
Pour chaque paire de pistolets d'arçon,	

le même prix que ci-dessus, suivant les calibres.

Pour chaque paire de pistolets, depuis quatre-vingt-un jusqu'à cent vingt-trois millimètres de longueur. 23

Pour chaque canon double de fusil ou de pistolet, le double du prix fixé pour chaque calibre.

XIII.

Le maire présentera, chaque année, au préfet, dans les premiers jours de décembre, six marchands armuriers ou maîtres arquebusiers, que le préfet nommera, savoir : les trois premiers sous le titre de *syndics*, et les trois autres sous celui d'*adjoints*, pour assister aux épreuves. Leurs nominations seront faites dans les formes prescrites par l'article III pour celle de l'éprouveur. Ils entreront en exercice au 1er janvier, et ne pourront exercer de suite que pendant un an.

L'un des syndics et l'un des adjoints devront toujours être présents aux épreuves ; les syndics et les adjoints y assisteront à tour de rôle. En cas d'absence ou d'empêchement, l'absent sera remplacé par celui dont le tour vient immédiatement après le sien.

XIV.

Les fonctions des syndics et adjoints consis-

teront à veiller à ce que l'éprouveur se conforme aux dispositions du présent réglement
qui déterminent ses obligations et ses devoirs,
et, en cas de contravention, à en informer le
préfet du département, lequel prononcera, suivant les circonstances, uue amende qui ne
pourra excéder trois cents francs, ni être au-
dessous de cinquante francs, et, en outre, la
destitution, s'il y a lieu.

Elles consisteront aussi à veiller à ce qu'il
ue soit admis à l'épreuve que des canons dégrossis aux trois quarts, et à ce que le poinçon
d'acceptation désigne exactement le calibre
sous lequel chaque canon aura été éprouvé.

XV.

Tout canon vendu ou livré sous un calibre
différent de celui désigné par le poinçon dont
il porterait l'empreinte, sera saisi; et celui qui
l'aura vendu ou livré, sera condamné à une
amende qui ne pourra être au-dessous de cinquante francs, ni excéder cent francs.

XVI.

Notre ministre de l'intérieur est chargé de
l'exécution du présent décret, qui sera inséré
au Bulletin des lois.

Législation et instructions ministérielles, relatives aux établissements insalubres ou incommodes.

Paris, le 4 mars 1815.

Le Directeur général de l'Agriculture, du Commerce, des Arts et des Manufactures,

A MM. les Préfets des départements.

Monsieur le préfet, le décret du 15 octobre 1810 a prescrit différentes mesures au sujet des établissements qui répandent une odeur insalubre ou incommode. Vous savez qu'il les divise en trois classes, et qu'on ne peut les former *sans une permission de l'autorité administrative.* La nomenclature annexée à ce décret, ne les comprenant pas tous, il m'a paru nécessaire d'en dresser une plus complète. Sa Majesté a bien voulu, sur la proposition de S. Ex. le ministre secrétaire d'état de l'intérieur, l'approuver le 14 janvier; et dorénavant elle doit servir de règle aux autorités, toutes les fois qu'il leur sera adressé des demandes en formation d'établissements de la nature de ceux dont il est ici question.

Je n'ai pas besoin, M. le préfet, de vous rappeler que les dispositions du décret du 15 octobre sont de la plus haute importance : elles présentent à-la-fois une garantie aux propriétaires et aux entrepreneurs d'établissements insalubres ou incommodes ; aux propriétaires, en les assurant qu'il ne sera point formé dans leur voisinage, à leur insu, et sans des précautions, des ateliers dont l'activité peut, par des exhalaisons nuisibles ou désagréables, préjudicier à leurs propriétés ; aux entrepreneurs, en leur donnant la certitude que lorsqu'ils auront obtenu une permission, ils ne seront plus troublés dans l'exercice de leur industrie. Sous ce double rapport, la législation actuelle est, pour les uns et les autres, un véritable bienfait, en ce qu'elle prévient les difficultés qui s'élevaient souvent entre eux. Auparavant les fabriques de produits chimiques n'avaient qu'une existence, à certains égards, précaire. Des dispositions positives n'étant pas établies, la clôture de manufactures dont là formation avait entraîné des dépenses considérables, était quelquefois ordonnée. De là, la ruine de l'entrepreneur, et par suite celle d'une industrie dont l'exploitation nous procurait des marchandises qu'il fallait souvent tirer de l'étranger.

L'ordonnance du 14 janvier renferme, M. le préfet, deux dispositions nouvelles d'un grand intérêt : la première met en harmonie les articles II et VIII du décret du 15 octobre, qui ne s'expliquait pas positivement sur l'autorité qui doit délivrer les permissions, nécessaires pour la mise en activité des établissements portés dans la troisième classe. Elle donne cette attribution aux *sous-préfets, qui ne peuvent l'exercer qu'après avoir préalablement pris l'avis des maires.* Par l'autre, les préfets sont autorisés à faire suspendre la formation ou l'exploitation de certains établissements que l'on pourrait créer, *bien qu'ils ne soient compris dans aucune des classes de la nouvelle nomenclature.* Ce qui a fait penser que cette disposition serait utile, c'est, d'une part, la nécessité d'empêcher la continuation de travaux dont le resultat nuirait à la salubrité publique, ou aux intérêts des propriétaires du voisinage ; et de l'autre, celle de ne pas retarder la formation de fabriques dont l'activité peut ne présenter aucun inconvénient. S'il survenait, M. le préfet, dans votre département des affaires qui

fussent de la nature de celles dont il est ici
question, je vous serai obligé de m'en informer,
afin que j'examine ce qu'il sera convenable de
prescrire.

Le décret du 15 octobre, en déterminant les
formalités à remplir pour la mise en activité
des établissements compris dans la première
classe, n'a point parlé de la durée des affiches
qui doivent être apposées dans un rayon de
cinq kilomètres. Une décision de S. Ex. le ministre de l'intérieur a réparé cette omission,
en la fixant à un mois. Depuis, il a été réglé
qu'indépendamment des affiches, de la visite
des lieux par un architecte, et d'un rapport
fait par des hommes chargés dans la localité de
ce qui concerne la salubrité publique, il serait
dressé un procès-verbal *de commodo et incommodo, dans lequel tous les voisins de l'établissement projeté seraient entendus.* Il importe beaucoup, M. le préfet, de veiller à la stricte exécution de cette disposition. Elle a été prescrite
pour prévenir les plaintes, qu'au moment de
la mise en activité des travaux pourraient
adresser des particuliers de n'avoir pas été aver-
tis en temps utile, et de s'être trouvés, de cette
manière, dans l'impuissance de présenter des
réclamations. Que le projet de former l'établissement fasse naître ou non des oppositions, les

certificats des maires des communes dans lesquelles il aura été apposé des affiches, devront
faire mention de cette circonstance : s'il s'en
élève, elles seront soumises au conseil de préfecture, afin qu'aux termes de l'article IV du
décret du 15 octobre, il donne son avis sur leur
objet. Vous voudrez bien ensuite m'adresser
toutes les pièces de l'affaire, afin que je propose d'accorder, s'il y a lieu, la permission.

La marche à suivre ne sera pas entièrement
la même lorsqu'il sera question des établissements de deuxième et de troisième classes.
Vous savez que ce sont les préfets et les sous-
préfets qui accordent, après qu'il a été rempli
différentes formalités, les permissions pour la
mise en activité de ces établissements. Au lieu
de m'adresser, ainsi que l'ont fait souvent plusieurs de MM. les préfets, la délibération du
conseil de préfecture sur les oppositions, vous
la notifierez directement aux parties intéressées, afin que celle qui n'en sera pas satisfaite
puisse, si elle le juge convenable, se pourvoir
au comité du contentieux du conseil d'état.
Vous ne suspendrez cette notification que dans
le cas où vous ne partageriez pas l'opinion du
conseil de préfecture. Alors toutes les pièces
de l'affaire me seront transmises avec vos observations, afin que j'examine s'il y a lieu de

18

provoquer une décision contraire à celle qu'il aura prise.

Le même décret du 15 octobre indique les formalités à remplir, lorsqu'en cas de *graves inconvénients pour la salubrité publique, la culture ou quelque autre motif d'intérêt général*, on sollicite le déplacement d'un atelier de première classe. Ce déplacement ne peut avoir lieu qu'en vertu d'une ordonnance de Sa Majesté, rendue sur le vu du rapport de la police locale, de l'avis du conseil de préfecture, et des moyens de défense des manufacturiers. Par ma lettre du 15 juin dernier, je vous ai prié de m'envoyer, tous les six mois, l'état des établissements de deuxième et de troisième classes, dont la formation aura été autorisée dans votre département. J'ai l'honneur de vous renouveler cette demande. Je tiens d'autant plus à avoir l'état dont il s'agit, qu'indépendamment des renseignements que j'y trouverai, il me procurera encore la certitude que les autorités locales surveillent l'exécution de mesures qui n'ont pas moins pour objet la salubrité publique, que l'intérêt des fabricants et des propriétaires.

Le décret du 15 octobre, l'ordonnance du 14 janvier et la nouvelle nomenclature qui s'y trouve jointe, ne sauraient, M. le préfet, recevoir une trop grande publicité. Les uns et les autres de ces actes intéressent l'universalité des communes du royaume, puisque, dans toutes, il existe, ou qu'il peut se former, des établissements insalubres ou incommodes. Dans leur exécution, il se présentera souvent des cas où la sagesse de l'autorité locale préviendra les difficultés que pourraient faire naître la malveillance ou la rivalité. S'il est juste d'empêcher qu'on ne place auprès des habitations des ateliers dont l'activité peut causer des préjudices aux propriétaires, il ne convient pas moins de protéger les hommes utiles qui les forment. Leur industrie nous procure des produits souvent indispensables pour la consommation journalière, et, sous ce point de vue, ils méritent un intérêt particulier. Il a été demandé plusieurs fois qu'on déterminât, d'une manière positive, la distance où les établissements insalubres ou incommodes doivent être des habitations. S'il avait été possible de le faire, l'administration se serait empressée de déférer à ce vœu. Des motifs de plusieurs sortes ont rendu inutile sa bonne volonté à cet égard. Un établissement peut, quoique très-rapproché des maisons, être placé de manière à n'incommoder personne; tandis qu'un autre, qui en est éloigné, les couvrira de vapeurs qui en ren-

18.

dront le séjour fort désagréable. Sa situation
sur une hauteur peut amener ce résultat. Il
n'est donc pas possible de fixer les distances.
On a dû laisser ce soin à la sagesse des autorités locales. Dans l'examen des demandes de
permissions, elles se mettront sans doute au-
dessus des petites passions ; et, mues uniquement par des motifs d'utilité publique, elles
donneront des avis dictés par des considérations
d'un ordre élevé : j'en ai pour garant la prudence et le discernement qu'une foule d'entre
elles ont montré dans plusieurs circonstances.
Vous jugerez sans doute convenable, M. le préfet, en adressant aux sous-préfets et aux maires
des principales communes de votre département, le décret du 15 octobre, l'ordonnance
du 14 janvier, et la nouvelle nomenclature,
d'entrer dans quelques détails sur les principes
qui doivent les diriger. Je me repose sur votre
zèle du soin de les éclairer, bien persuadé de
votre empressement à seconder mes vues.

Recevez, M. le Préfet, l'assurance de ma
haute considération.

Le Directeur général Conseiller d'État,

BECQUEY.

DÉCRET

Relatif aux Manufactures et Ateliers qui répandent une odeur insalubre ou incommode.

Au palais de Fontainebleau, le 15 octobre 1810.

Sur le rapport de notre ministre de l'intérieur ;

Vu les plaintes portées par différents particuliers contre les manufactures et ateliers dont l'exploitation donne lieu à des exhalaisons insalubres ou incommodes;

Le rapport fait sur ces établissements par la section de chimie de la classe des sciences physiques et mathématiques de l'Institut;

Notre conseil d'État entendu,

Nous avons décrété et décrétons ce qui suit :

ARTICLE PREMIER.

A compter de la publication du présent décret, les manufactures et ateliers qui répandent une odeur insalubre ou incommode, ne pourront être formés sans une permission de l'autorité administrative : ces établissements seront divisés en trois classes.

La première classe comprendra ceux qui doivent être éloignés des habitations particulières.

La seconde, les manufactures et ateliers dont l'éloignement des habitations n'est pas rigoureusement nécessaire, mais dont il importe néanmoins de ne permettre la formation qu'après avoir acquis la certitude que les opérations qu'on y pratique sont exécutées de manière à ne pas incommoder les propriétaires du voisinage, ni à leur causer des dommages.

Dans la troisième classe, seront placés les établissements qui peuvent rester sans inconvénient auprès des habitations, mais doivent rester soumis à la surveillance de la police.

II.

La permission nécessaire pour la formation des manufactures et ateliers compris dans la première classe, sera accordée avec les formalités ci-après, par un décret rendu en notre conseil d'état.

Celle qu'exigera la mise en activité des établissements compris dans la seconde classe, le sera par les préfets, sur l'avis des sous-préfets.

Les permissions pour l'exploitation des établissements placés dans la dernière classe, seront délivrées par les sous-préfets, qui prendront préalablement l'avis des maires.

III.

La permission pour les manufactures et fabriques de première classe ne sera accordée qu'avec les formalités suivantes.

La demande en autorisation sera présentée au préfet, et affichée par son ordre dans toutes les communes, à 5 kilomètres de rayon.

Dans ce délai, tout particulier sera admis à présenter ses moyens d'opposition.

Les maires des communes auront la même faculté.

IV.

S'il y a des oppositions, le conseil de préfecture donnera son avis, sauf la décision au conseil d'état.

V.

S'il n'y a pas d'opposition, la permission sera accordée, s'il y a lieu, sur l'avis du préfet et le rapport de notre ministre de l'intérieur.

VI.

S'il s'agit de fabriques de soude, ou si la fabrique doit être établie dans la ligne des douanes, notre directeur-général des douanes sera consulté.

VII.

L'autorisation de former des manufactures et ateliers compris dans la seconde classe, ne sera accordée qu'après que les formalités suivantes auront été remplies.

L'entrepreneur adressera d'abord sa demande au sous-préfet de son arrondissement, qui la transmettra au maire de la commune dans la-quelle on projette de former l'établissement, en le chargeant de procéder à des informations *de commodo et incommodo*. Ces informations ter-minées, le sous-préfet prendra sur le tout un arrêté qu'il transmettra au préfet. Celui-ci sta-tuera, sauf le recours à notre conseil d'état par toutes parties intéressées.

S'il y a opposition, il y sera statué par le con-seil de préfecture, sauf le recours au conseil d'état.

VIII.

Les manufactures et ateliers ou établisse-ments portés dans la troisième classe, ne pour-ront se former que sur la permission du préfet de police à Paris, et sur celle du maire dans les autres villes.

S'il s'élève des réclamations contre la déci-sion prise par le préfet de police ou les maires, sur une demande en formation de manufacture ou d'atelier compris dans la troisième classe, elles seront jugées au conseil de préfecture.

IX.

L'autorité locale indiquera le lieu où les manufactures et ateliers compris dans la première classe pourront s'établir, et exprimera sa distance des habitations particulières. Tout individu qui ferait des constructions dans le voisinage de ces manufactures et ateliers, après que la formation en aura été permise, ne sera plus admis à en solliciter l'éloignement.

X.

La division en trois classes des établissements qui répandent une odeur insalubre ou incommode, aura lieu conformément au tableau annexé au présent décret. Elle servira de règle toutes les fois qu'il sera question de prononcer sur des demandes en formation de ces établissements.

XI.

Les dispositions du présent décret n'auront point d'effet rétroactif : en conséquence, tous les établissements qui sont aujourd'hui en activité continueront à être exploités librement, sauf les dommages dont pourront être passibles les entrepreneurs de ceux qui préjudicient aux propriétés de leurs voisins ; les dommages seront arbitrés par les tribunaux.

XII.

Toutefois, en cas de graves inconvénients pour la salubrité publique, la culture, ou l'intérêt général, les fabriques et ateliers de pre-

mière classe qui les causent pourront être supprimés, en vertu d'un décret rendu en notre
conseil d'état, après avoir entendu la police
locale, pris l'avis des préfets, reçu la défense
des manufacturiers ou fabricants.

XIII.

Les établissements, maintenus par l'art. XI,
cesseront de jouir de cet avantage, dès qu'ils
seront transférés dans un autre emplacement,
ou qu'il y aura une interruption de six mois
dans leurs travaux. Dans l'un et l'autre cas, ils
rentreront dans la catégorie des établissements
à former, et ils ne pourront être remis en activité qu'après avoir obtenu, s'il y a lieu, une
nouvelle permission.

XIV.

Nos ministres de l'intérieur et de la police
générale sont chargés, chacun en ce qui le
concerne, de l'exécution du présent décret, qui
sera inséré au Bulletin des lois.

CONSEIL D'ÉTAT.

Extrait du Registre des Délibérations.

Séance du 5 avril 1813.

AVIS.

L E conseil d'état qui, d'après le renvoi ordonné par Sa Majesté, a entendu le rapport de la section de l'intérieur, sur celui du ministre des manufactures et du commerce, tendant à autoriser la translation, rue Traversière, faubourg Saint-Antoine, d'une amidonnerie existante actuellement rue de Charenton;

Vu le décret du 15 octobre 1810;

Est d'avis qu'avant d'autoriser de pareilles translations de manufactures ou fabriques comprises dans la première classe du tableau annexé audit décret, et même avant d'autoriser un nouvel établissement de ce genre, il soit procédé, outre l'affiche de la demande, à un procès-verbal d'information *de commodo et incommodo*, dans lequel tous les voisins seront entendus.

Pour extrait conforme :

Le Secrétaire général du Conseil d'État,

Signé J. G. LOCRÉ.

Approuvé : au palais de Saint-Cloud, le 8 avril 1813.

ORDONNANCE DU ROI

Contenant Réglement sur les Manufactures, Établissements et Ateliers qui répandent une odeur insalubre ou incommode.

Au Château des Tuileries, le 14 janvier 1815.

Louis, par la grace de Dieu, Roi de France et de Navarre,

A tous ceux qui ces présentes verront, salut.

Sur le rapport de notre ministre secrétaire d'état de l'intérieur;

Vu le décret du 15 octobre 1810, qui divise en trois classes les établissements insalubres ou incommodes dont la formation ne peut avoir lieu qu'en vertu d'une permission de l'autorité administrative,

Le tableau de ces établissements qui y est annexé;

L'état supplémentaire arrêté par le ministre de l'intérieur, le 22 novembre 1811;

Les demandes adressées par plusieurs préfets, à l'effet de savoir si les permissions nécessaires pour la formation des établissements compris dans la troisième classe, seront délivrées par les sous-préfets ou par les maires ;

Notre conseil d'état entendu,

Nous avons ordonné et ordonnons ce qui suit :

ARTICLE PREMIER.

A compter de ce jour, la nomenclature jointe à la présente ordonnance, servira seule de règle pour la formation des établissements répandant une odeur insalubre ou incommode.

II.

Le procès-verbal d'information *de commodo et incommodo*, exigé par l'article VII du décret du 15 octobre 1810, pour la formation des établissements compris dans la seconde classe de la nomenclature, sera pareillement exigible, en outre de l'affiche de demande, pour la formation de ceux compris dans la première classe.

Il n'est rien innové aux autres dispositions de ce décret.

III.

Les permissions nécessaires pour la formation des établissements compris dans la troisième classe seront délivrées dans les départements, conformément aux articles II et VIII du décret du 15 octobre 1810, par les sous-préfets, après avoir pris préalablement l'avis des maires et de la police locale.

IV.

Les attributions données aux préfets et aux sous-préfets par le décret du 15 octobre 1810, relativement à la formation des établissements répandant une odeur insalubre ou incommode, seront exercées par notre directeur-général de la police dans toute l'étendue du département de la Seine, et dans les communes de Saint-Cloud, de Meudon, et de Sèvres, du département de Seine-et-Oise.

V.

Les préfets sont autorisés à faire suspendre la formation ou l'exercice des établissements nouveaux qui, n'ayant pu être compris dans la nomenclature précitée, seraient cependant de nature à y être placés. Ils pourront accorder l'autorisation d'établissement pour tous ceux qu'ils jugeront devoir appartenir aux deux dernières classes de la nomenclature, en remplissant les formalités prescrites par le décret du 15 octobre 1810, sauf, dans les deux cas, à en rendre compte à notre directeur-général des manufactures et du commerce.

VI.

Notre ministre secrétaire d'état de l'intérieur

est chargé de l'exécution de la présente ordonnance, qui sera insérée au Bulletin des lois.

Donné en notre château des Tuileries, le 14 janvier de l'an de grace 1815, et de notre règne le vingtième.

Signé LOUIS.

Par le Roi,

Le Ministre Secrétaire d'État de l'intérieur,

Signé l'Abbé DE MONTESQUIOU.

Nomenclature des Manufactures, Établissements et Ateliers répandant une odeur insalubre ou incommode, dont la formation ne pourra avoir lieu sans une permission de l'autorité administrative.

PREMIÈRE CLASSE.

Établissements et Ateliers qui ne pourront plus être formés dans le voisinage des habitations particulières, et pour la création desquels il sera nécessaire de se pourvoir d'une autorisation de SA MAJESTÉ accordée en Conseil d'État.

Acide nitrique [eau forte] (Fabrication de l')
Acide pyroligneux (Fabriques d'), lorsque les gaz se répandent dans l'air sans être brûlés.
Acide sulfurique (Fabrication de l').
Affinage de métaux au fourneau à manche, au fourneau à coupelle, ou au fourneau à réverbère.
Amidoniers.
Artificiers.
Bleu de Prusse (Fabriques de), lorsqu'on n'y brûlera pas la fumée et le gaz hydrogène sulfuré.
Boyaudiers.
Cendre gravelée (Fabriques de), lorsqu'on laisse répandre la fumée au dehors.
Cendres d'orfèvre (Traitement des) par le plomb.

19

Chanvre (Rouissage du) en grand par son séjour dans
l'eau.

Charbon de terre (Épurage du) à vases ouverts.

Chaux (Fours à) permanents.

*Indépendamment des formalités prescrites par le décret
du 15 octobre 1810, la formation des établissements de ce
genre ne pourra avoir lieu qu'après que les agents forestiers
en résidence sur les lieux auront donné leur avis sur la
question de savoir si la reproduction des bois dans le canton,
et les besoins des communes environnantes, permettent
d'accorder la permission.*

Colle-forte (Fabriques de).

Cordes à instruments (Fabriques de).

Cretonniers.

Cuirs vernis (Fabriques de).

Ecarrissage.

Echaudoirs.

Encre d'imprimerie (Fabriques d').

Fourneaux (Hauts).

*Les établissements de ce genre ne seront autorisés qu'autant
que les entrepreneurs auront rempli les formalités prescrites
par la loi du 21 avril 1810, et par les instructions du Ministre
de l'intérieur.*

Glaces (Fabriques de).

*Indépendamment des formalités prescrites par le décret
du 15 octobre 1810, la formation des fabriques de ce genre
ne pourra avoir lieu qu'après que les agents forestiers en résidence sur les lieux auront donné leur avis sur la question
de savoir si la reproduction des bois dans le canton, et les
besoins des communes environnantes, permettent d'accorder
la permission.*

Goudron (Fabrication du).

Huile de pied de bœuf (Fabriques d').

Huile de poisson (Fabriques d').

Huile de térébenthine et huile d'aspic (Distillation en grand d').

Huile rousse (Fabriques d').

Litharge (Fabrication de la).

Massicot (Fabriques de).

Ménageries.

Minium (Fabrication du).

Noir d'ivoire et noir d'os (Fabriques de), lorsqu'on n'y brûle pas la fumée.

Orseille (Fabrication de l').

Plâtre (Fours à) permanents.

Indépendamment des formalités prescrites par le décret du 15 octobre 1810 , la formation des fabriques de ce genre ne pourra avoir lieu qu'après que les agents forestiers en résidence sur les lieux auront donné leur avis sur la question de savoir si la reproduction des bois dans le canton , et les besoins des communes environnantes, permettent d'accorder la permission.

Pompes à feu ne brûlant pas la fumée.

Porcheries.

Poudrette.

Rouge de Prusse (Fabriques de) à vases ouverts.

Sel ammoniac [ou muriate d'ammoniac] (Fabrication du) par le moyen de la distillation des matières animales.

Soufre (Distillation du).

Suif brun (Fabrication du).

Suif en branche (Fonderie du) à feu nud.

Suif d'os (Fabrication du).

Sulfate d'ammoniac (Fabrication du) par le moyen de la
    distillation des matières animales.

Sulfate de cuivre (Fabrication du) au moyen du soufre et
    du grillage.

Sulfate de soude (Fabrication du) à vases ouverts.

Sulfures métalliques (Grillage des) en plein air.

Tabac (Combustion des côtes du) en plein air.

Taffetas cirés (Fabriques de).

Taffetas et toiles vernis (Fabrication des).

Tourbe (Carbonisation de la) à vases ouverts.

Tripiers.

Tueries, dans les villes dont la population excède dix mille
    ames.

Vernis (Fabriques de).

Verre, cristaux et émaux (Fabriques de).

*Indépendamment des formalités prescrites par le décret
du 15 octobre 1810, la formation des fabriques de ce genre
ne pourra avoir lieu qu'après que les agents forestiers en résidence sur les lieux auront donné leur avis sur la question
de savoir si la reproduction des bois dans le canton, et les
besoins des communes environnantes, permettent d'accorder
la permission.*

DEUXIÈME CLASSE.

*Etablissements et Ateliers dont l'éloignement des habi-
tations n'est pas rigoureusement nécessaire, mais
dont il importe néanmoins de ne permettre la formation qu'après avoir acquis la certitude que les
opérations qu'on y pratique seront exécutées de
manière à ne pas incommoder les propriétaires du
voisinage, ni à leur causer des dommages.*

*Pour former ces établissements, l'autorisation du préfet
sera nécessaire, sauf, en cas de difficulté, ou en cas d'opposition de la part des voisins, le recours à notre conseil
d'état.*

Acier (Fabriques d').

Acide muriatique (Fabrication de l') à vases clos.

Acide muriatique oxigéné (Fabrication de l').

Acide pyroligneux (Fabriques d') lorsque les gaz sont
brûlés.

Atelier à enfumer les lards.

Blanc de plomb ou de céruse (Fabriques de).

Bleu de Prusse (Fabriques de), lorsqu'elles brûlent leur
fumée et le gaz hydrogène sulfuré, etc.

Cartonniers.

Cendres d'orfèvre (Traitement des) par le mercure et la
distillation des amalgames.

Cendres gravelées (Fabrication des) lorsqu'on brûle la
fumée, etc.

Chamoiseurs.

Chandeliers.

Chapeaux (Fabriques de).

Charbon de bois fait à vases clos.

Charbon de terre épuré, lorsqu'on travaille à vases clos.

Châtaignes (Dessiccation et conservation des).

Chiffonniers.

Cires à cacheter (Fabriques de).

Corroyeurs.

Couverturiers.

Cuirs verts (Dépôts de).

Cuivre (Fonte et laminage du).

Eau-de-vie (Distilleries d')

Faïence (Fabriques de).

Fondeurs en grand au fourneau à réverbère.

Galons et tissus d'or et d'argent (Brûleries en grand des).

Genièvre (Distilleries de).

Goudron (Fabrication de) à vases clos.

Hareng (Saurage du).

Hongroyeurs.

Huiles (Épuration des) au moyen de l'acide sulfurique.

Indigoteries.

Liqueurs (Fabrication des).

Maroquiniers.

Mégissiers.

Noir de fumée (Fabrication du).

Noir d'ivoire et noir d'os (Fabrication du), lorsqu'on brûle la fumée.

Or et argent (Affinage de l'), au moyen du départ et du fourneau à vent.

Os (Blanchiment des) pour les éventaillistes et les boutonniers.

Papiers (Fabriques de).

parcheminiers.

Pipes à fumer (Fabrication des).

Plomb (Fonte du), et laminage de ce métal.

Poéliers-fournalistes.

Porcelaine (Fabrication de la).

Potiers de terre.

Rouge de Prusse (Fabrique de) à vases clos.

Salaisons (Dépôt de).

Sel ou muriate d'étain (Fabrication du).

Sucre (Raffineries de).

Suif (Fonderies de) au bain-marie ou à la vapeur.

Sulfate de soude (Fabrication du) à vases clos.

Sulfates de fer et de zinc (Fabrication des), lorsqu'on forme ces sels de toutes pièces avec l'acide sulfurique et les substances métalliques.

Sulfures métalliques (Grillage des) dans les appareils propres à retirer le soufre ou à utiliser l'acide sulfureux qui se dégage.

Tabac (Fabriques de).

Tabatières en carton (Fabrication des).

Tanneries.

Toiles (Blanchiment des) par l'acide muriatique oxigéné.

Tourbe (Carbonisation de la) à vases clos.

Tuileries et briqueteries.

TROISIÈME CLASSE.

Établissements et Ateliers qui peuvent rester, sans inconvénient, auprès des habitations particulières, et pour la formation desquels il sera néanmoins necessaire de se munir d'une permission, aux termes des articles 2 et 8 du décret du 15 octobre 1810, et de l'article 3 de la présente ordonnance.

Acétate de plomb [sel de Saturne] (Fabrication de l').

Batteurs d'or et d'argent.

Blanc d'Espagne (Fabriques de).

Bois dorés (Brûleries des).

Boutons métalliques (Fabrication des).

Borax (Raffinage du).

Brasseries.

Briqueteries ne faisant qu'une seule fournée en plein air, comme on le fait en Flandres.

Buanderies.

Camphre (Préparation et raffinage du).

Caractères d'imprimerie (Fonderies de).

Cendres (Laveurs de).

Cendres bleues et autres précipités du cuivre (Fabrication des).

Chaux (Fours à) ne travaillant pas plus d'un mois par année.

Ciriers.

Colle de parchemin et d'amidon (Fabriques de).

Corne (Travail de la) pour la réduire en feuilles.

Cristaux de soude (Fabrication de) [sous-carbonate de soude cristallisé].

Doreurs sur métaux.

Eau seconde (Fabrication de l') des peintres en bâtiments
(alcali caustique en dissolution).

Encre à écrire (Fabriques d').

Essayeurs.

Fer-blanc (Fabriques de).

Feuilles d'étain (Fabrication des).

Fondeurs au creuset.

Fromages (Dépôts de).

Glaces (Étamage des).

Laques (Fabrication des).

Moulins à huile.

Ocre jaune (Calcination de l') pour le convertir en ocre
rouge.

Papiers peints et papiers marbrés (Fabriques de).

Plâtre (Fours à) ne travaillant pas plus d'un mois par année.

Plombiers et fontainiers.

Plomb de chasse (Fabrication du).

Pompes à feu brûlant leur fumée.

Potasse (Fabriques de).

Potiers d'étain.

Sabots (Ateliers à enfumer les).

Salpêtre (Fabrication et raffinage du).

Savonneries.

Sel de soude sec (Fabrication du) [sous-carbonate de
soude sec].

Sel (Raffineries de).

Soude (Fabrication de la), ou décomposition du sulfate de
soude.

Sulfate de cuivre (Fabrication du) au moyen de l'acide sulfurique et de l'oxide de cuivre, ou du carbonate de cuivre.

Sulfate de potasse (Raffinage du).

Sulfates de fer et d'alumine. Extraction de ces sels des matériaux qui les contiennent tout formés, et transformation
du sulfate d'alumine en alun.

Tartre (Raffinage du).

Teinturiers.

Teinturiers-dégraisseurs.

Tueries, dans les communes dont la population **est au**-dessous de dix mille habitants.

Vacheries, dans les villes dont la population excède cinq mille habitants.

Vert-de-gris et verdet (Fabrication du).

Viandes (Salaison et préparation des).

Vinaigre (Fabrication du).

L'accomplissement des formalités, établies par le décret du 15 octobre 1810, et par notre présente ordonnance, ne dispense pas de celles qui sont prescrites pour la formation des établissements qui seront placés dans le rayon des douanes, ou sur une rivière, qu'elle soit navigable ou non : les réglements à ce sujet continueront à être en vigueur.

Pour copie conforme :

Le Ministre Secrétaire d'Etat de l'intérieur,

Signé L'Abbé de Montesquiou.

LÉGISLATION *concernant les Usines, les Verreries, etc.*

Arrêté du Directoire exécutif, concernant les justifications à faire par les cessionnaires, héritiers, donataires et légataires de citoyens pourvus de permissions d'exploiter des mines et salines, et d'établir des usines.

Du 3 nivose an VI. (23 décembre 1797.)

Le Directoire exécutif, vu le rapport du ministre de l'intérieur et la loi du 28 juillet 1791 sur les mines ;

Considérant que les concessions et permissions d'exploiter les mines et salines et d'établir des usines, ont pour objet d'empêcher les richesses minérales de la France de devenir la proie de l'ignorance et de la cupidité, et qu'en conséquence la loi a assujetti, entre autres choses, les demandeurs en concession et permission , à justifier de leurs facultés et des

moyens qu'ils emploient pour assurer l'exploitation;

Considérant que cette justification doit être
également faite par les cessionnaires, héritiers,
donataires et légataires et autres ayant-cause
des citoyens pourvus de concessions et permissions d'exploiter les mines et salines, et
d'établir des usines, ainsi qu'il était ordonné
par les articles IV et V de la déclaration du
24 décembre 1762, qui n'a point été révoquée,

Arrête ce qui suit :

ARTICLE PREMIER.

Aucuns transports, cessions, ventes ou autres
actes translatifs de l'exercice des droits accordés
par les concessions et permissions d'exploiter
les mines métalliques, des combustibles et salines, et d'établir des usines, ne pourront être
exécutés, et les cessionnaires et autres jouir de
l'effet desdits transports et actes équivalents,
qu'après l'autorisation spéciale de l'administration centrale du département où sera situé
le chef-lieu de l'exploitation, laquelle sera
sujette à l'approbation du Gouvernement, conformément à l'article VIII du titre Ier de la loi
du 28 (juillet 1791.

II.

Tous les cessionnaires et porteurs d'actes
énoncés en l'article précédent, ainsi que les

héritiers, donataires, légataires et ayant-cause des citoyens pourvus desdites concessions et permissions, ou de leurs cessionnaires, seront tenus, dans les six mois de la publication du présent arrêté, de se pourvoir à l'effet d'obtenir ladite autorisation. Ledit délai de six mois ne courra, pour les héritiers, donataires ou légataires dont les droits s'ouvriront à l'avenir, qu'à compter du jour où ils auront fait acte d'héritiers, ou de la date des donations et actes de délivrance de legs.

III.

Faute par les cessionnaires, héritiers, légataires, donataires et autres ayant-cause, de s'être pourvus dans le délai fixé par l'article précédent, ils seront considérés comme exploitant sans concession et permission, et les défenses portées par la loi leur seront faites par les administrations centrales des départements, à la diligence des commissaires du Gouvernement.

IV.

Les autorisations, énoncées aux deux premiers articles, ne seront accordées qu'après la justification des facultés et des moyens des concessionnaires, héritiers, légataires et donataires desdites concessions et permissions, pour assurer l'exploitation, conformément à l'art. IX du titre Ier de ladite loi. Les cessionnaires par transports ou actes équivalents, les donataires et légataires seront en outre tenus de représenter l'original ou l'expédition authentique desdits transports, donations, testaments, actes de délivrance, et autres.

V.

Les cessionnaires et autres successeurs auxdites concessions et permissions, qui auront été dûment autorisés à continuer l'exploitation, seront obligés à l'exécution de toutes les lois, arrêtés et réglements concernant les mines, salines et usines, et sujets aux peines et déchéances y portées, le cas y échéant.

VI.

Le ministre de l'intérieur est chargé de l'exécution du présent arrêté, qui sera imprimé au Bulletin des lois.

Extrait de la Loi du 21 avril 1810, relative aux mines, minières, usines, et carrières.

TITRE VII.—SECTION IV.

Des permissions pour l'établissement des fourneaux, forges et usines.

ART. LXXIII.

Les fourneaux à fondre les minérais de fer et autres substances métalliques, les forges et martinets pour ouvrer le fer et le cuivre, les usines servant de patrouillets et bocards, celle pour le traitement des substances salines et pyriteuses, dans lesquelles on consomme des combustibles, ne pourront être établis que sur une permission accordée par un réglement d'administration publique.

LXXIV.

La demande en permission sera adressée au préfet, enregistrée le jour de la remise sur un registre spécial à ce destiné, et affichée pendant quatre mois dans le chef-lieu du département, dans celui de l'arrondissement, dans la commune où sera situé l'établissement projeté, et dans le lieu du domicile du demandeur.

Le préfet, dans le délai d'un mois, donnera son avis tant sur la demande que sur les oppositions et les demandes en préférence qui seraient survenues; l'administration des mines donnera le sien sur la quotité du minerai à traiter; l'administration des forêts, sur l'établissement des bouches à feu en ce qui concerne les bois; et l'administration des ponts-et-chaussées, sur ce qui concerne les cours d'eau navigables ou flottables.

LXXV.

Les impétrants des permissions pour les usines supporteront une taxe une fois payée, laquelle ne pourra être au-dessous de cinquante francs, ni excéder trois cents francs.

SECTION V.

Dispositions générales sur les permissions.

LXXVI.

Les permissions seront données à la charge d'en faire usage dans un délai déterminé; elles auront une durée indéfinie, à moins qu'elles n'en contiennent la limitation.

LXXVII.

En cas de contraventions, le procès-verbal dressé par les autorités compétentes sera remis au procureur du Roi, lequel poursuivra la révocation de la permission, s'il y a lieu, et l'application des lois pénales qui y sont relatives.

LXXVIII.

Les établissements actuellement existants sont maintenus dans leur jouissance, à la charge par ceux qui n'ont jamais eu de permission, ou qui ne pourraient représenter la permission obtenue précédemment, d'en obtenir une avant le 1er janvier 1813, sous peine de payer un triple droit de permission pour chaque année pendant laquelle ils auront négligé de s'en pourvoir et continué de s'en servir.

LXXIX.

L'acte de permission d'établir des usines à traiter le fer, autorise les impétrants à faire des fouilles, même hors de leurs propriétés, et à exploiter les minérais par eux découverts, ou ceux antérieurement connus, à la charge de se conformer aux dispositions de la section II.

LXXX.

Les impétrants sont aussi autorisés à établir des patouillets, lavoirs, et chemins de charroi, sur les terrains qui ne leur appartiennent pas, mais sous les restrictions portées en l'art. XI; le tout à charge d'indemnité envers les propriétaires du sol, et en les prévenant un mois d'avance.

Dispositions d'intérêt général, prescrites par différentes lois, au sujet des manufactures, usines et moulins qui se trouvent dans le rayon des douanes, ou que des entrepreneurs auraient le projet d'y établir (1).

———

Extrait de la Loi du 22 août 1791, relative aux Douanes.

TITRE XIII. — ART. XLI.

Il ne pourra être formé dans l'étendue du rayon des douanes, à l'exception des villes, aucune nouvelle clouterie, papeterie, ou autre grande manufacture ou fabrique, sans l'avis du directoire du département (aujourd'hui le préfet).

———

(1) Sur les côtes, le rayon des douanes est de deux lieues anciennes, à partir des bords de la mer dans l'intérieur; c'est-à-dire que cette étendue de territoire est soumise à la surveillance qu'exercent les préposés. Sur terre, le rayon est d'un myriamètre (environ quatre lieues et demie).

Extrait de la Loi du 21 ventose an XI.
(12 mars 1803.)

ART. Ier.

Le déplacement des fabriques et manufactures qui se trouveront dans la ligne des douanes pourra être ordonné lorsqu'elles auront
favorisé la contrebande., et que le fait sera
constaté par un jugement rendu par les tribunaux compétents.

II.

Il sera accordé, pour effectuer le déplacement, un délai qui ne pourra être de moins
d'un an.

Extrait de la Loi du 30 avril 1806.

ART. LXXV.

L'autorisation nécessaire, d'après l'art. XLI,
titre XIII de la loi du 22 août 1791, et l'article XXXVII du même titre de la même loi, et
d'après la loi du 21 ventose an XI (12 mars
1803), pour établir des manufactures et construire des moulins, soit à vent, soit à eau, ou
d'autres usines, ne sera accordée, dans l'étendue du territoire formant la ligne des douanes

près la frontière de terre, que sur le rapport des préfets et l'avis des directeurs des douanes, constatant que la position de ces établissements ne peut favoriser la fraude.

LXXVI.

Les moulins, situés à l'extrême frontière, poùrront être frappés d'interdiction par mesure administrative et par décision des préfets, lorsqu'il sera justifié qu'ils servent à la contrebande des grains et farines; le tout, sauf le pourvoi par-devant Sa Majesté en son conseil d'état.

LXXVII.

Ces faits devront être légalement constatés par procès-verbaux de saisie ou autres, dressés par les autorités locales ou par les préposés des douanes.

LÉGISLATION *et instructions ministérielles*
relatives aux découvertes dans les arts
utiles, et aux moyens d'en assurer la
propriété à ceux qui seront reconnus en
être les auteurs.

Instruction sur la Législation relative aux
Brevets d'invention.

Motifs qui ont fait établir les brevets.

On a toujours reconnu qu'il était aussi juste
qu'utile aux progrès des arts, d'assurer aux
inventeurs la propriété de leurs découvertes;
mais, pour le faire d'une manière avantageuse
pour eux et pour le public, on n'était pas d'accord sur le parti le plus convenable à prendre.
Les uns voulaient qu'il leur fût accordé des
priviléges exclusifs, dont la durée ne serait
point limitée; d'autres pensaient que ces priviléges ne devaient être que temporaires. En-

fin, suivant une troisième opinion, il était préférable de leur décerner des récompenses, et
de rendre à l'instant leurs découvertes d'un
usage libre et commun. L'administration a eu
souvent recours à ce moyen; mais, comme il
constituait l'état dans des dépenses assez considérables, et qu'il ne satisfaisait pas toujours
les inventeurs, il a été nécessaire d'examiner
de nouveau s'il y aurait possibilité de trouver
un parti qui conciliât tous les intérêts. Le but
qu'on se proposait a été atteint par les lois des
7 janvier et 25 mai 1791, qui ont établi les brevets. Les titres de cette nature assurent, d'une
part, aux artistes la jouissance exclusive de
leurs découvertes, et donnent, de l'autre, à
leur expiration, une garantie fort importante,
celle de la conservation de plusieurs inventions
que, sans ce moyen, le public ne connaîtrait
jamais, ou qu'il ne connaîtrait qu'imparfaite-
ment, puisque les auteurs étant intéressés à
cacher leurs opérations, ne les communique-
raient pas, et pourraient ainsi mourir avec leur
secret.

*Formalités à remplir par ceux qui demandent
des brevets, et quotité des sommes qu'ils sont
tenus de payer.*

Les brevets, délivrés par le Gouvernement, ne

peuvent être assimilés aux priviléges exclusifs qu'on obtenait sous l'ancienne monarchie : ils ne sont qu'un acte donné à un particulier, de la déclaration qu'il fait d'avoir inventé une machine ou un procédé, de l'emploi desquels il résulte une nouvelle branche d'industrie. Il s'en délivre de trois sortes, *d'invention*, *de perfectionnement*, et *d'importation*.

Les brevets d'importation sont accordés à ceux qui procurent à l'industrie un procédé ou une machine seulement connus dans les pays étrangers : les lois des 7 janvier et 25 mai n'ayant pas déterminé, d'une manière positive, la durée de ces brevets, un décret du 13 août 1810 a statué qu'elle serait la même que celle des brevets d'invention.

Des perfectionnements dans les arts forment souvent une invention aussi importante que la découverte primitive. Il était donc convenable de permettre qu'on s'en assurât la jouissance privative, en prenant un brevet. Mais, si les lois donnent cette faculté, elles ne considèrent point, d'un autre côté, comme des perfectionnements, des ornements, ou des changements de formes ou de proportions. Il faut qu'il y ait une addition à la découverte. (*Art.* 8 *du titre II de la loi du 25 mai 1791.)*

On ne peut cumuler plusieurs découvertes

dans un seul et même brevet, et chacune d'elles doit être l'objet d'une demande particulière. Pour obtenir les titres de cette nature, l'accomplissement de différentes formalités est indispensable.

Le pétitionnaire doit d'abord déposer au secrétariat général de la préfecture du département qu'il habite, un paquet cacheté, et contenant,

1° Sa pétition au ministre des manufactures et du commerce, à l'effet d'obtenir un brevet de cinq, dix, ou quinze ans, à son choix;

2° Le mémoire descriptif et détaillé des moyens qu'il emploie;

3° Des dessins doubles, exacts et signés par lui, ou un modèle de l'objet de sa découverte;

4° Un état, fait double et signé par lui, des pièces renfermées dans le paquet.

Il doit, en outre, payer une taxe plus ou moins considérable, suivant la durée du brevet, qui ne peut excéder quinze ans:

300 francs pour un brevet de cinq ans;

800 francs pour un brevet de dix ans;

1,500 francs pour un brevet de quinze ans;

Plus, 50 francs pour frais d'expédition du brevet.

Les lois permettent quelquefois de prolonger la durée des brevets; mais, pour obtenir cette faveur qui n'est accordée que très-rarement et pour des raisons d'un très-grand intérêt, un décret est nécessaire. Alors on paie une nouvelle somme, dont la quotité est indiquée par le tarif annexé à la loi du 25 mai.

Le pétitionnaire est tenu de payer, à l'instant même du dépôt des pièces, la moitié de la taxe. Il lui est libre, en remettant sa soumission, de n'acquitter l'autre moitié que dans six mois. La loi du 25 mai a prévu le cas où cette soumission ne serait point remplie au terme prescrit. Alors le breveté encourt la déchéance, qui ne devient définitive qu'après qu'elle a été prononcée par un acte de l'autorité publique. Si des pétitionnaires desirent apporter des changements à l'objet énoncé dans leur première demande, ils ne peuvent le faire qu'après avoir déposé la description de leurs nouveaux moyens au secrétariat de la préfecture, et avoir payé une seconde taxe, qui est de 24 francs pour la caisse des brevets, et de 12 francs pour le secrétariat de la préfecture. Il leur est délivré par le ministre des manufactures et du commerce, un second titre qu'on nomme *certificat d'additions, de changements, et de perfectionnements.*

L'article 10 du titre 1er de la loi du 25 mai règle la destination à donner aux sommes que

procurent les différentes taxes dont il vient
d'être question : elles doivent servir à payer,
en premier lieu, les frais qu'entraînent l'expédition et la proclamation des brevets, puis
ceux d'impression et de gravure des brevets
dont la durée est expirée. S'il reste un excédent,
il est employé à l'avantage de l'industrie nationale.

Le secrétaire général de la préfecture dresse
procès-verbal au dos du paquet déposé entre
ses mains, et il délivre au pétitionnaire acte
de ce dépôt. Le tout est ensuite adressé par le
préfet au ministre des manufactures et du commerce.

*Principes établis par les lois, dans la délivrance
des brevets.*

On a vu plus haut que les brevets ne sont
autre chose que l'acte délivré à un particulier,
de la déclaration qu'il fait d'avoir inventé une
machine ou un procédé donnant lieu à une
nouvelle branche d'industrie. L'administration
ne juge point, en effet, le mérite des inventions pour lesquelles on les sollicite. Quiconque
a rempli les formalités prescrites par les lois
des 7 janvier et 25 mai 1791, peut les obtenir,
ces lois statuant, d'une manière formelle, qu'ils

seront accordés *sur simple requéte et sans examen préalable*. Ainsi, on peut les demander
pour le procédé le plus vulgairement connu,
la législation étant coordonnée de manière
qu'ils sont nuls et même préjudiciables à ceux
qui les ont obtenus, si l'objet pour lequel ils
ont été délivrés n'a aucune réalité, et s'il a été
connu et pratiqué avant la date du brevet. En
effet, si la découverte est purement imaginaire,
les frais qu'a occasionnés l'obtention sont per-
dus. Si le procédé était déja connu, l'art. 16
de la loi du 7 janvier prononce la déchéance.
Les droits que confèrent les brevets, ne sont
donc que conditionnels, c'est-à-dire qu'ils
n'assurent une jouissance exclusive qu'autant
qu'on est réellement inventeur. Au premier
coup-d'œil, on peut être étonné qu'on délivre,
sans examen préalable, les titres de cette nature;
mais quelques réflexions font bientôt sentir
qu'il était difficile d'adopter un parti plus sage.
Plusieurs motifs ont dicté cette partie de la législation : d'une part, il convenait de sauver
à l'administration l'embarras d'un examen long
et difficile, et la responsabilité d'un jugement
qui, s'il eût été défavorable, aurait donné lieu
à des accusations de partialité et de malveillance; et de l'autre, d'épargner aux inventeurs
la nécessité d'une communication dont ils pou-

vaient craindre l'abus. En effet, *l'examen préa-*
lable aurait été tout au désavantage des artistes,
puisqu'ils auraient communiqué, sans aucun
gage de succès, des procédés dont il était possible de leur dérober la propriété. Il aurait fallu
soumettre ces procédés à des commissaires
courant la même carrière qu'eux, et dont l'intérêt particulier, des préventions, la rivalité,
pouvaient dicter les jugements. Dans le cas le
plus favorable, l'examen préalable aurait donc
eu pour résultat d'écarter quelques projets ab-
surdes, quelques inventions futiles ; mais le
public, si on les eût laissés paraître, en eût bientôt fait justice ; et, si l'invention avait été sans
utilité, le pétitionnaire aurait perdu les frais
occasionnés par l'obtention de son brevet. Ce
motif suffit pour diminuer dans l'esprit des
artistes, ordinairement peu riches, les préventions qu'ils peuvent avoir pour leurs découvertes, et les détourner de former des demandes
sans objet. On a encore dû prévoir le cas où
un breveté ferait de son titre un usage dangereux, ou contraire à la salubrité publique. Les
lois des 7 janvier et 25 mai ont pourvu alors
aux moyens de le priver d'un droit dont il abu-
serait, et même de le punir s'il y a lieu. Elles
ont pareillement réglé la marche à suivre pour
le dépouiller d'un droit qu'il aurait usurpé sur
une chose déjà publique.

*Déchéance des brevets, et autorités qui la pro-
noncent. Mode de procéder, en cas d'usurpation d'une découverte.*

La déchéance des brevets est prononcée, suivant les cas, par l'autorité administrative et
par l'autorité judiciaire. Le ministre des manufactures et du commerce la prononce, lorsque le breveté n'a pas acquitté la taxe dans
les délais prescrits, et lorsque l'inventeur,
sans avoir justifié des causes de son retard,
n'a pas mis sa découverte en activité dans
l'espace de deux ans *(article 16 de la loi du
7 janvier.)* Les tribunaux jugent les contestations qui s'élèvent entre un breveté qui veut
faire valoir son privilége, et des particuliers
qui prétendent que son invention était connue
antérieurement à son titre, soit par l'usage,
soit par sa description dans un ouvrage imprimé. Alors ce sont les parties intéressées qui
font les diligences nécessaires pour obtenir un
jugement. En ordonnant cette disposition, la
loi a considéré le brevet comme une propriété
dont on ne peut être privé qu'après l'observa-
tion des formes établies. Les articles 12 et 13
de la loi du 7 janvier, 10, 11, 12 et 13 du titre II de la loi du 25 mai, règlent la manière

de procéder. D'après ces articles, les contrefacteurs doivent être traduits devant le juge-de-
paix, qui, après avoir ordonné des vérifications
et entendu les parties et leurs témoins, prononce son jugement, lequel, nonobstant appel,
est exécuté provisoirement.

*Dispositions établies depuis la promulgation des
lois des 7 janvier et 25 mai 1791.*

Les lois des 7 janvier et 25 mai ne sont pas
les seules qui aient été rendues sur les brevets.
Il en existe une autre sous la date du 20 septembre 1792, qui défend d'accorder des titres
de cette espèce pour des objets autres que ceux
relatifs aux arts. Des demandes de brevets pour
des opérations financières et commerciales,
ont donné lieu à cette défense. Depuis, les
consuls ont pris, le 5 vendémiaire de l'an IX,
un arrêté qui concerne uniquement le mode
de délivrance des brevets. Antérieurement à
cette époque, ils étaient accordés par l'autorité
suprême dans la hiérarchie administrative; ils le
sont maintenant par le ministre des manufactures et du commerce. Le certificat de demande
qu'il donne, n'est qu'un titre provisoire; mais
il devient définitif par l'envoi au breveté de
l'article du décret qui le concerne, lorsqu'on
proclame les brevets délivrés dans le courant

de chaque trimestre. Des difficultés s'étaient élevées sur la question de savoir si, avec le certificat de demande, on pouvait poursuivre les contrefacteurs d'une découverte, ou s'il fallait attendre qu'il eût reçu la publicité que lui procure la proclamation faite par Sa Majesté. Le décret du 25 janvier 1807 les a fait cesser, en statuant *que les années de jouissance d'un brevet commencent à courir de la date du certificat, lequel établit provisoirement cette jouissance.* Le même décret a décidé que la priorité d'invention, dans le cas de contestation entre deux brevetés pour le même objet, est acquise à celui qui le premier a fait au secrétariat de la préfecture du département le dépôt des pièces qui doivent accompagner la demande d'un brevet. Une disposition de l'article 14 du titre II de la loi du 25 mai avait défendu d'exploiter les brevets par *actions:* elle a été abrogée par le décret du 25 novembre 1806, sur les représentations adressées par quelques particuliers, qu'elle préjudiciait aux intérêts des inventeurs, en ce qu'elle les privait d'un moyen avantageux et facile de tirer parti de leurs découvertes.

Il arrive quelquefois que des brevetés s'adressent au Gouvernement, afin d'obtenir des récompenses, comme étant auteurs de découvertes importantes : il est impossible d'accueillir leurs demandes à cet égard. L'article 11 de la loi du 12 septembre 1791, défend d'accorder des encouragements particuliers à ceux qui se sont pourvus d'un brevet. Ce qui a fait établir cette disposition, c'est la considération qu'il n'est dû aucune récompense aux inventeurs qui se réservent la jouissance exclusive de leurs moyens, et que ceux-là seulement méritent des faveurs, qui rendent leurs découvertes d'un usage libre et commun, et ajoutent ainsi au bien-être de la société, que le Gouvernement s'occupe sans cesse d'améliorer.

Paris, le 30 octobre 1813.

Le ministre des manufactures et du commerce,

Le comte de SUSSY.

LOI

Portant établissement des brevets d'invention,
de perfectionnement et d'importation.

Le 7 janvier 1791.

ARTICLE PREMIER.

TOUTE découverte ou nouvelle invention, dans tous les genres d'industrie, est la propriété de son auteur; en conséquence, la loi lui en garantit la pleine et entière jouissance, suivant le mode et pour le temps qui seront ci-après déterminés.

II.

Tout moyen d'ajouter à quelque fabrication que ce puisse être, un nouveau genre de perfection, sera regardé comme une invention.

III.

Quiconque apportera le premier en France une découverte étrangère, jouira des mêmes avantages que s'il en était l'inventeur.

IV.

Celui qui voudra conserver ou s'assurer une propriété industrielle du genre de celles énoncées aux précédents articles, sera tenu :

1º De s'adresser au secrétariat du directoire de son département, et d'y déclarer par écrit si l'objet qu'il présente est d'invention, de perfection, ou seulement d'importation.

2º De déposer sous cachet une description exacte des principes, moyens et procédés qui constituent la découverte, ainsi que les plans, coupes, dessins et modèles qui pourraient y être relatifs, pour, ledit paquet, être ouvert au moment où l'inventeur recevra son titre de propriété.

V.

Quant aux objets d'une utilité générale, mais d'une éxécution trop simple et d'une imitation trop facile pour établir aucune spéculation commerciale, et dans tous les cas, lorsque l'inventeur aimera mieux traiter directement avec le Gouvernement, il lui sera libre de s'adresser soit aux assemblées administratives, soit au Corps législatif, s'il y a lieu, pour confier sa découverte, en démontrer les avantages, et solliciter une récompense.

VI.

Lorsqu'un inventeur aura préféré aux avantages personnels assurés par la loi, l'honneur de faire jouir sur-le-champ la nation des fruits de sa découverte ou invention, et lorsqu'il prouvera par la notoriété publique et par des attestations légales que cette découverte ou invention est d'une véritable utilité, il pourra lui être accordé une récompense sur les fonds destinés aux encouragements de l'industrie.

VII.

Afin d'assurer à tout inventeur la propriété et la jouissance temporaire de son invention, il lui sera délivré un *titre* ou *patente*, selon la forme indiquée dans le réglement qui sera dressé pour l'exécution du présent décret.

VIII.

Les patentes seront données pour cinq, dix ou quinze années, au choix de l'inventeur; mais ce dernier terme ne pourra jamais être prolongé sans un décret particulier du Corps législatif.

IX.

L'exercice des patentes accordées pour une découverte importée d'un pays étranger, ne pourra s'étendre au-delà du terme fixé dans ce pays, à l'exercice du premier inventeur.

X.

Les patentes expédiées en parchemin, et scellées du sceau national, seront enregistrées dans les secrétariats des directoires de tous les départements du royaume, et il suffira, pour les obtenir, de s'adresser à ces directoires qui se chargeront de les procurer à l'inventeur.

XI.

Il sera libre à tout citoyen d'aller consulter au secrétariat de son département, le catalogue des inventions nouvelles; il sera libre de même à tout citoyen domicilié, de consulter au dépôt général établi à cet effet, les *spécifications* des différentes patentes actuellement en exercice; cependant les *descriptions* ne seront point communiquées, dans le cas où l'inventeur, ayant jugé que des raisons politiques ou commerciales exigent le secret de sa découverte, se serait présenté au Corps législatif pour lui exposer ses motifs, et en aurait obtenu un décret particulier sur cet objet.

Dans le cas où il sera déclaré qu'une description demeurera secrète, il sera nommé des commissaires pour veiller à l'exactitude de la description, d'après la vue des moyens et procédés, sans que l'auteur cesse pour cela d'être responsable par la suite de cette exactitude.

XII.

Le propriétaire d'une patente jouira privativement de l'exercice et des fruits des découverte, invention ou perfection pour lesquelles ladite patente aura été obtenue : en conséquence il pourra, en donnant bonne et suffisante caution, requérir la saisie des objets contrefaits, et traduire les contrefacteurs devant les tribunaux; lorsque les contrefacteurs seront convaincus, ils seront condamnés en sus de la confiscation, à payer à l'inventeur des dommages - intérêts proportionnés à l'importance de la contrefaçon, et en outre, à verser dans la caisse des pauvres du district, une amende fixée au quart du montant desdits dommages - intérêts, sans toutefois que ladite amende puisse excéder la somme de trois mille livres, et au double, en cas de récidive.

XIII.

Dans le cas où la dénonciation pour contrefaçon d'après laquelle la saisie aurait eu lieu, se trouverait dénuée de preuves, l'inventeur sera condamné envers sa partie adverse à des dommages et intérêts proportionnés au trouble et au préjudice qu'elle aura pu en éprouver, et en outre, à verser dans la caisse des pauvres du district, une amende fixée au quart du montant desdits dommages et intérêts, sans toutefois que ladite amende puisse excéder la somme de trois mille livres, et au double en cas de récidive.

XIV.

Tout propriétaire de patente aura droit de former des établissements dans toute l'étendue du royaume, et même d'autoriser d'autres particuliers à faire l'application et l'usage de ses moyens et procédés ; et, dans tous les cas, il pourra disposer de sa patente comme d'une propriété mobiliaire.

XV.

A l'expiration de chaque patente, la découverte ou invention devant appartenir à la société, la description en sera rendue publique, et l'usage en deviendra permis dans tout le royaume, afin que tout citoyen puisse librement l'exercer et en jouir, à moins qu'un décret du Corps législatif n'ait prorogé l'exercice de la patente, ou n'en ait ordonné le secret dans les cas prévus par l'article 11.

XVI.

La description de la découverte énoncée dans une patente, sera de même rendue publique, et l'usage des moyens et procédés relatifs à cette découverte, sera aussi déclaré libre dans tout le royaume, lorsque le propriétaire de la patente en sera déchu, ce qui n'aura lieu que dans les cas ci-après déterminés :

1° Tout inventeur convaincu d'avoir, en donnant sa description, recélé ses véritables moyens d'exécution, sera déchu de sa patente.

2° Tout inventeur convaincu de s'être servi, dans ses fabrications, de moyens secrets qui n'auraient point été détaillés dans sa description, ou dont il n'aurait pas donné sa déclaration, pour les faire ajouter à ceux énoncés dans sa description, sera déchu de sa patente.

3° Tout inventeur ou se disant tel, qui sera convaincu d'avoir obtenu une patente pour des découvertes déja consignées et décrites dans des ouvrages imprimés et publiés, sera déchu de sa patente.

4° Tout inventeur qui, dans l'espace de deux ans, à compter de la date de sa patente, n'aura point mis sa découverte en activité, et qui n'aura point jus ifié les raisons de son inaction, sera déchu de sa patente.

5° Tout inventeur qui, après avoir obtenu une patente en France, sera convaincu d'en avoir pris une pour le même objet en pays étranger, sera déchu de sa patente.

6° Enfin, tout acquéreur du droit d'exercer une découverte énoncée dans une patente, sera soumis aux mêmes obligations que l'inventeur; et s'il y contrevient, la patente sera révoquée, la découverte publiée, et l'usage en deviendra libre dans tout le royaume.

XVII.

N'entend l'Assemblée nationale porter aucune atteinte aux priviléges exclusifs ci-devant accordés pour *inventions et découvertes*, lorsque toutes les formes légales auront été observées pour ces priviléges, lesquels auront leur plein et entier effet, et seront, au surplus, les possesseurs de ces anciens priviléges, assujétis aux dispositions du présent décret.

Les autres priviléges fondés sur de simples arrèts du conseil, ou sur des lettres patentes non enregistrées, seront convertis, sans frais, *en patentes*, mais seulement pour le temps qui leur reste à courir, en justifiant que lesdits priviléges ont été obtenus pour découvertes et inventions du genre de celles énoncées aux précédents articles.

Pourront les propriétaires desdits anciens priviléges enregistrés, et de ceux convertis en patentes, en disposer à leur gré, conformément à l'article XIV.

XVIII.

Le comité d'agriculture et de commerce, réuni au comité des impositions, présentera à l'Assemblée nationale un projet de réglement qui fixera les taxes des patentes d'inventeurs, suivant la durée de leur exercice, et qui embrassera tous les détails relatifs à l'exécution des divers articles contenus au présent décret.

L O I

Portant réglement sur la propriété des Auteurs d'invention et découvertes en tout genre d'industrie.

Le 25 mai 1791.

TITRE PREMIER.

ARTICLE PREMIER.

EN conformité des trois premiers articles de la loi du 7 janvier 1791, relative aux nouvelles découvertes et inventions en tous genres d'industrie, il sera délivré, sur une simple requète au Roi, et sans examen préalable, des *patentes nationales*, sous la dénomination de *brevets d'invention* (dont le modèle est annexé au présent décret, sous le numéro 2) à toutes personnes qui voudront exécuter ou faire exécuter dans le royaume des objets d'industrie jusqu'alors inconnus.

II.

Il sera établi à Paris, conformément à l'article XI de la loi, sous la surveillance et l'autorité du ministre de l'intérieur chargé de délivrer lesdits brevets, un dépôt général sous le nom de *directoire des brevets d'invention*, où ces brevets seront expédiés ensuite des formalités préalables, et selon le mode ci-après déterminé.

III.

Le directoire des brevets d'invention expédiera lesdits brevets sur les demandes qui lui parviendront des secrétariats des départements. Ces demandes contiendront le nom du demandeur, sa proposition, et sa requête au Roi; il y sera joint un paquet, renfermant la description exacte de tous les moyens qu'on se propose d'employer, et à ce paquet seront ajoutés les dessins, modèles, et autres pièces jugées nécessaires pour l'explication de l'énoncé de la demande, le tout avec la signature et sous le cachet du demandeur. Au dos de l'enveloppe de ce paquet, sera inscrit un procès-verbal (dans la forme jointe au présent réglement, sous le numéro 1er) signé par le secrétaire du département et par le demandeur, auquel il sera délivré un double dudit procès-verbal, la date du dépôt, l'acquit de la taxe, ou la soumission de la payer suivant le prix et dans le délai qui seront fixés au présent réglement.

IV.

Les directoires des départements, non plus

que le directoire des brevets d'invention, ne recevront aucune demande qui contienne plus d'un objet principal avec les objets de détail qui pourront y être relatifs.

V.

Les directoires des départements seront tenus d'adresser au directoire des brevets d'invention, les paquets des demandeurs, revètus des formes ci-dessus prescrites, dans la semaine même où la demande aurait été présentée.

V I.

A l'arrivée de la dépèche du secrétariat du département au directoire des brevets d'invention, le procès-verbal inscrit au dos du paquet sera enregistré, le paquet sera ouvert, et le brevet sera sur-le-champ dressé d'après le modèle annexé au présent réglement (sous le numéro 2). Ce brevet renfermera une copie exacte de la description, ainsi que des dessins et modèles annexés au procès-verbal; ensuite de quoi, ledit brevet sera scellé et envoyé au département sous le cachet du directoire des brevets d'invention. Il sera en même-temps adressé à tous les tribunaux et départements du royaume une *proclamation du Roi*, relative au brevet d'invention, et dans la forme ci-jointe (numéro 3), et ces proclamations seront enregistrées par ordre de date, et affichées dans lesdits tribunaux et départements.

VII.

Les descriptions des objets dont le Corps législatif, dans les cas prévus par l'article XI de la loi du 7 janvier, aura ordonné le secret, seront ouvertes et inscrites par numéros au directoire des inventions, dans un registre particulier, en présence de commissaires nommés à cet effet, conformément audit article de la loi; ensuite ces descriptions seront cachetées de nouveau, et procès-verbal en sera dressé par lesdits commissaires. Le décret qui aura ordonné de les tenir secrètes sera transcrit au dos du paquet; il en sera fait mention dans la proclamation du Roi, et le paquet demeurera cacheté jusqu'à la fin de l'exercice du brevet, à moins qu'un décret du Corps législatif n'en ordonne l'ouverture.

VIII.

Les prolongations des brevets qui, dans des cas très-rares et pour des raisons majeures, pourront être accordées par le Corps législatif, seulement pendant la durée de la législature, seront enregistrées dans un registre particulier au directoire des inventions, qui sera tenu de donner connaissance de cet enregistrement aux différents départements et tribunaux du royaume.

IX.

Les arrêts du conseil, lettres patentes, mémoires descriptifs, tous documents, et pièces relatives à des priviléges d'invention, ci-devant accordés pour des objets d'industrie, dans quelque dépôt public qu'ils se trouvent, seront réunis incessamment au directoire des brevets d'invention.

X.

Les frais de l'établissement ne seront point à la charge du trésor public ; ils seront pris uniquement sur le produit de la taxe des brevets d'invention, et le surplus employé à l'avantage de l'industrie nationale.

TITRE II.

ARTICLE PREMIER.

Celui qui voudra obtenir un brevet d'invention, sera tenu, conformément à l'article IV de la loi du 7 janvier, de s'adresser au secrétariat du directoire de son département, pour y remettre sa requête au Roi, avec la description de ses moyens, ainsi que les dessins et modèles relatifs à l'objet de sa demande, conformément à l'art. III du titre Ier ; il y joindra un état fait double et signé par lui, de toutes les pièces contenues dans le paquet; un de ces doubles devra être renvoyé au secrétariat du département par le directeur des brevets d'invention, qui se chargera de toutes les pièces par son *récépissé* au pied dudit état.

II.

Le demandeur aura droit, avant de signer le procès-verbal, de se faire donner communication du catalogue de tous les objets pour lesquels il aura été expédié des brevets, afin de juger s'il doit ou non persister dans sa demande.

III.

Le demandeur sera tenu, conformément à l'article III du titre Ier, d'acquitter au secrétariat du département, la taxe du brevet suivant le tarif annexé au présent réglement (sous le numéro 4); mais il lui sera libre de ne payer que la moitié de cette taxe en présentant sa requête, et de déposer sa soumission d'acquitter le reste de la somme dans le delai de six mois.

IV.

Si la soumission du breveté n'est point remplie au terme prescrit, le brevet qui lui aura été délivré sera de nul effet; l'exercice de son droit deviendra libre, et il en sera donné avis à tous les départements par le directoire des brevets d'invention.

V.

Toute personne pourvue d'un brevet d'invention, sera tenue d'acquitter, en sus de la taxe dudit brevet, la taxe des patentes annuelles imposée à toutes les professions d'arts et métiers par la loi du 17 mars 1791.

VI.

Tout propriétaire de brevet qui voudra faire des changements à l'objet énoncé dans sa première demande, sera obligé d'en faire sa déclaration, et de remettre la description de ses nouveaux moyens au secrétariat du département, dans la forme prescrite par l'art. Ier du présent titre; et il sera observé, à cet égard, les mêmes formalités entre les directoires des départements et celui des brevets d'invention.

VII.

Si ce breveté ne veut jouir privativement de l'exercice de ses nouveaux moyens, que pendant la durée de son brevet il lui sera expédié par le directoire des brevets d'invention un certificat dans lequel sa nouvelle déclaration sera mentionnée, ainsi que la remise du paquet contenant la description de ses nouveaux moyens.

Il lui sera libre aussi de prendre successivement de nouveaux brevets pour lesdits changements, à mesure qu'il en voudra faire, ou de les faire réunir dans un seul brevet quand il les présentera collectivement.

Ces nouveaux brevets seront expédiés de la même manière et dans la même forme que les brevets d'invention, et ils auront les mêmes effets.

VIII.

Si quelque personne annonce un moyen de perfection pour une invention déja brevetée, elle obtiendra, sur sa demande, un brevet pour l'exercice privatif dudit moyen de perfection, sans qu'il lui soit permis, sous aucun prétexte, d'exécuter ou de faire exécuter l'invention principale ; et, réciproquement, sans que l'inventeur puisse faire exécuter par lui-même le nouveau moyen de perfection.

Ne seront point mis au rang des *perfections industrielles*, les changements de formes ou de proportions, non plus que les ornements, de quelque genre que ce puisse être.

IX.

Tout concessionnaire de brevet obtenu pour un objet que les tribunaux auront jugé contraire aux lois du royaume, à la sûreté publique, ou aux réglements de police, sera déchu de son droit, sans pouvoir prétendre d'indemnité, sauf au ministère public à prendre, suivant l'importance du cas, telles conclusions qu'il appartiendra.

X.

Lorsque le propriétaire d'un brevet sera
troublé dans l'exercice de son droit privatif, il
se pourvoira, dans les formes prescrites pour
les autres procédures civiles, devant le juge de
paix, pour faire condamner le contrefacteur aux
peines prononcées par la loi.

XI.

Le juge de paix entendra les parties et leurs
témoins, ordonnera les vérifications qui pourront être nécessaires; et le jugement qu'il prononcera, sera exécuté provisoirement, nonobstant l'appel.

XII.

Dans le cas où une saisie juridique n'aurait
pu faire découvrir aucun objet fabriqué ou
débité en fraude, le dénonciateur supportera
les peines énoncées dans l'article XIII de la
loi, à moins qu'il ne légitime sa dénonciation
par des preuves légales, auquel cas il sera
exempt desdites peines, sans pouvoir néanmoins prétendre aucuns dommages-intérêts.

XIII.

Il sera procédé de même, en cas de contestation entre deux brevetés pour le même objet:
si la ressemblance est déclarée absolue, le brevet de date antérieure demeurera seul valide ;
s'il y a dissemblance en quelques parties, le

22

brevet de date postérieure pourra être converti, sans payer de taxe, en brevet de perfection, pour les moyens qui ne seraient point énoncés dans le brevet de date antérieure.

XIV.

Le propriétaire d'un brevet pourra contracter telle société qu'il lui plaira pour l'exercice de son droit, en se conformant aux usages du commerce ; mais il lui sera interdit d'établir son entreprise par *actions*, à peine de déchéance de l'exercice de son brevet.

XV.

Lorsque le propriétaire d'un brevet aura cédé son droit en tout ou en partie (ce qu'il ne pourra faire que par un acte notarié), les deux parties contractantes seront tenues, à peine de nullité, de faire enregistrer ce transport (suivant le modèle sous le numéro 5) au secrétariat de leurs départements respectifs, lesquels en informeront aussitôt le directoire des brevets d'invention, afin que celui-ci en instruise les autres départements:

XVI.

En exécution de l'article XVII de la loi du 7 janvier, tous les possesseurs de priviléges exclusifs, maintenus par ledit article, seront tenus, dans le délai de six mois après la publication du présent réglement, de faire enregistrer au directoire d'invention les titres de leurs priviléges, et d'y déposer les descriptions des objets privilégiés, conformément à l'article 1er du présent titre, le tout à peine de déchéance.

TITRE III.

ARTICLE PREMIER.

L'Assemblée nationale renvoie au ministre de l'intérieur les mesures à prendre pour l'exécution du réglement sur la loi des brevets d'invention, et le charge de présenter incessamment à l'Assemblée les dispositions qu'il jugera nécessaires pour assurer cette partie du service public.

N° Ier.

Modèle d'un procès-verbal de dépôt pour un brevet d'invention.

N.... département de.... aujourd'hui.... jour du mois de... 179... à .. heures du matin (ou du soir), le sieur N. a (ou sieurs N. N. ont) déposé entre nos mains le présent paquet scellé de son (ou de leur) cachet, qu'il nous a (ou ont) dit renfermer toutes les pièces descriptives

22.

(*ici l'énoncé fidèle de l'objet*), pour lequel objet il se propose (ou ils se proposent) d'obtenir un brevet d'invention de 5 (10 ou 15) années, ainsi qu'il est porté dans la requête ainsi contenue dans ledit paquet. Nous a (ou ont) déclaré ledit sieur N. (ou lesdits sieurs N. N.) qu'il est (ou qu'ils sont) inventeur (ou inventeurs), perfectionneur (ou perfectionneurs), importateur (ou importateurs), dudit objet; il nous a (ou ont) remis le montant de la moitié et sa (ou leur) soumission pour payer dans.... mois.... l'autre moitié du droit de brevet d'invention, fixé dans le réglement du.... sur la loi du 7 janvier 1791, en nous priant de faire parvenir, dans le plus court délai, ce paquet au directoire des brevets d'invention, ce que que nous avons promis. Desquels dépôt et réquisition, le sieur N. nous a (ou lesdits N. N. nous ont) demandé acte, que nous lui (ou leur) avons accordé; et après l'apposition du sceau de notre département, l'avons (ou les avons) invité de signer avec nous; et a (ou ont) signé. Fait au secrétariat du directoire du département de.... le.... 179....

Signé, N. N. N.

No II.

Modèle de brevet d'invention.

Louis, par le grace de Dieu et par la loi constitutionnelle de l'État, Roi des Français, à tous présents et à venir, salut.

N., citoyen de (ou N. N., citoyens de)....
nous ayant fait exposer qu'il desire (ou qu'ils desirent) jouir des droits de propriété assurés par la loi du 7 janvier 1791, aux auteurs des découvertes et inventions en tout genre d'industrie, et en conséquence obtenir un brevet d'invention qui durera l'espace (*ici l'on énoncera en toutes lettres si c'est pour* 5, *pour* 10 *ou pour* 15 *années*), pour fabriquer, vendre et débiter dans tout le royaume (*ici l'on transcrira l'énoncé de l'objet, tel qu'il a été fourni par le demandeur*), dont il a (ou ils ont) déclaré être l'inventeur (les inventeurs), le perfectionneur (les perfectionneurs), l'importateur (les importateurs), ainsi qu'il résulte du procès-verbal dressé lors du dépôt fait au secrétariat du directoire du département de.... en date du.... 179.. Vu la requête de N. (ou N. N.) ensemble le mémoire explicatif (ou descriptif), les plans, coupes et dessins (s'il y en a), adressés par l'exposant (ou les exposants) au direc-

toire des brevets d'invention, duquel mémoire (ou desquels mémoires et dessins) suivent la teneur et la copie.

Ici seront fidèlement transcrits lesdits mémoires et copies, les plans et dessins, comme cela se pratique dans les patentes anglaises.

Nous avons, conformément à la susdite loi du 7 janvier 1791, conféré, et par ces présentes signées de notre main, conférons au sieur N. (ou aux sieurs N. N.) un brevet d'invention pour fabriquer, vendre et débiter dans tout le royaume, pendant le temps et espace de 5 (10 ou 15) années entières et consécutives, à compter de la date des présentes (*ici l'on doit répéter l'énoncé de l'objet breveté*) exécuté par les moyens consignés dans la description ci-dessus, et sur lequel sera appliqué un timbre ou cartel, avec les mots *brevet d'invention*, et le nom de l'auteur (ou des auteurs), pour par lui (ou eux) et ses (ou leurs) ayant cause jouir dudit brevet dans toute l'étendue du royaume, pour le temps porté ci-dessus, le tout en conformité des dispositions de la loi du 7 janvier 1791.

Faisons très-expresses inhibitions et défenses à toutes personnes d'imiter ou contrefaire les objets dont il s'agit, sous quelque prétexte que ce puisse être. Voulons, pour assurer à N. (ou N. N.) la jouissance de son (ou de leur) brevet, qu'il soit fait sur icelui une proclamation en notre nom, à ce que nul n'en ignore.

Mandons et ordonnons à tous les tribunaux, corps administratifs et municipalités, de faire jouir et user pleinement et paisiblement des droits conférés par ces présentes, le sieur N. (ou les sieurs N. N.) et ses (ou et leurs) ayant cause, cessant et faisant cesser tous troubles et empêchements contraires : leur mandons aussi qu'à la première requisition du breveté (ou des brevetés) les présentes ils fassent transcrire sur leurs registres, lire, publier et afficher dans leurs ressorts et départements respectifs, et exécuter pendant leur durée, comme loi du royaume. En foi de quoi nous avons signé et fait contresigner cesdites présentes, auxquelles nous avons fait apposer le sceau de l'État. A...., le.... jour du mois de...., l'an de grace mil sept cent quatre-vingt.... et de notre règne le.... *Signé* Louis. *Et plus bas*, DE LESSART.

Nº III.

Modèle d'enregistrement d'un transport de brevet d'invention.

Nº...... département de................

Aujourd'hui.... jour du mois de.... 179, le sieur N. (ou sieurs N. N.) s'est présenté (ou se sont présentés) en notre secrétariat, pour requérir l'enregistrement de la cession qu'ils ont (ou qui leur a été) faite au sieur N. (ou sieurs N. N.) par le sieur N. (ou les sieurs N. N.) par acte du...... devant M^e, notaire à.... de la totalité (ou partie) du brevet d'invention accordé le.... pour l'espace de 5 (10 ou 15) années à raison (*énoncer ici l'objet du brevet*); lequel enregistrement nous lui (ou leur) avons accordé, et il nous a été payé la somme de.... pour les droits fixés dans le tarif annexé au réglement du.... sur la loi du 7 janvier 1791, et a ledit sieur (ou ont lesdits sieurs) signé avec nous.

Fait à........ le......... 179........

Signé N. N. N.

N° IV.

Tarif des droits à payer au directoire d'invention.

Taxe d'un brevet pour cinq ans	3oo l. o	o
Taxe d'un brevet pour dix ans.	8oo o	o
Taxe d'un brevet pour quinze ans.	1,5oo o	o
Droit d'expédition des brevets.	5o o	o
Certificat de perfectionnement, changement et addition.	24 o	o
Droit de prolongation d'un brevet.	6oo o	o
Enregistremeut du brevet de prolongation.	12 o	o
Enregistrement d'une cession de brevet en totalité ou en partie.	18 o	o
Pour la recherche et la communication d'une description. . .	12 o	o

Tarif des droits à payer au secrétariat du département.

Pour le procès-verbal de remise d'une description ou de quelque perfectionnement, changement et addition, et des pièces relatives, tous frais compris. 12 l. o   o

Pour l'enregistrement d'une cession de brevet en totalité ou en
partie, tous frais compris......... 12 0 0

Pour la communication du catalogue des inventions et droits de
recherches...................... 3 0 0

L'Assemblée nationale décrète les changements qui suivent au texte de la loi du 7 janvier 1791.

A l'article X a été substitué cette nouvelle
rédaction :

« L'inventeur sera tenu, pour obtenir les-
« dites patentes, de s'adresser au directoire de
« son département, qui en requerra l'expédi-
« tion. La patente envoyée à ce directoire y
« sera enregistrée, et il en sera en même-temps
« donné avis par le ministre de l'intérieur au
« directoire des autres départements. »

L'assemblée a décrété la suppression des mots
suivants :

Article XII, *en donnant bonne et suffisante
caution requérir la saisie des objets contrefaits.*

Article XIII, *d'après laquelle saisie aura eu
lieu.*

Extrait de la Loi du 12 *septembre* 1791.

ART. XI.

Les objets déja récompensés ou achetés par le Gouvernement, ou pour lesquels les artistes auraient acquis des brevets d'invention, ne seront point susceptibles des récompenses nationales.

LOI

Relative aux Brevets d'invention, delivrés pour des établissements de finance.

Du 20 septembre 1792.

L'ASSEMBLÉE nationale considérant que les brevets d'invention qui sont autorisés du 7 février 1791, ne peuvent être accordés qu'aux auteurs de toute découverte ou nouvelle invention dans tous les genres d'industrie, seulement relatifs aux arts et métiers; que les brevets d'invention qui pourraient être delivrés pour des établissements de finances, deviendraient dangereux, et qu'il est important de prendre des mesures pour arrêter l'effet de ceux qui ont été déja délivrés ou qui pourraient l'être par la suite, décrète qu'il y a urgence.

L'Assemblée nationale, après avoir décrété l'urgence, décrète que le pouvoir exécutif ne pourra plus accorder de brevets d'invention aux établissements relatifs aux finances, et supprime l'effet de ceux qui auraient été accordés.

ARRÊTÉ DES CONSULS

Relatif au mode de délivrance des Brevets d'invention.

Du 5 vendémiaire an IX. (27 septembre 1800.)

ARTICLE PREMIER.

A compter de ce jour, le certificat de demande d'un brevet d'invention sera délivré par le ministre de l'intérieur ; et les brevets seront ensuite délivrés, tous les trois mois, par le premier consul, et promulgués dans le Bulletin des lois.

II.

Pour prévenir l'abus que les brevetés peuvent faire de leurs titres, il sera inséré, par annotation, au bas de chaque expédition, la déclaration suivante :

« Le Gouvernement, en accordant un brevet
« d'invention sans examen préalable, n'entend
« garantir en aucune manière, ni la priorité,
« ni le mérite, ni le succès d'une invention. »

III.

Le ministre de l'intérieur est chargé de l'exécution du présent arrêté, qui sera inséré au Bulletin des lois.

DÉCRET

Qui abroge une disposition de la Loi du 25 mai 1791 sur la propriété des auteurs de découvertes.

Le 25 novembre 1806.

ARTICLE PREMIER.

La disposition de l'article 14 du titre II de la loi du 25 mai 1791, portant réglement sur la propriété des auteurs de découvertes en tout genre d'industrie, est abrogée en ce qui concerne la défense d'exploiter les brevets d'invention par *actions*.

Ceux qui voudraient exploiter leurs titres de cette manière, seront tenus de se pourvoir de l'autorisation du Gouvernement.

II.

Notre ministre de l'intérieur est chargé de l'exécution de notre présent décret.

DÉCRET

Qui fixe l'époque à laquelle commencent à courir les années de jouissance des brevets d'invention, de perfectionnement et d'importation.

Le 25 janvier 1807.

ARTICLE PREMIER.

Les années de jouissance d'un brevet d'invention, de perfectionnement ou d'importation, commencent à courir de la date du certificat de demande, délivré par notre ministre de l'intérieur. Ce certificat établit, en faveur du demandeur, une jouissance provisoire, qui devient définitive par l'expédition du décret qui doit suivre ce certificat.

II.

La priorité d'invention, dans le cas de conlestation entre deux brevetés pour le même objet, est acquise à celui qui le premier a fait, au secrétariat de la préfecture du département de son domicile, le dépôt de pièces exigé par l'article 4 de la loi du 7 janvier 1791.

II.

Notre ministre de l'intérieur est chargé de l'exécution du présent décret.

DÉCRET

Portant que la durée des Brevets d'importation sera la même que celle des Brevets d'invention et de perfectionnement.

Le 13 août 1810.

Voulant mettre en harmonie les articles III et IX de la loi du 7 janvier 1791, dont l'un décide que *l'importateur en France d'une découverte étrangère jouira des mêmes avantages que s'il en était l'auteur,* et l'autre, que *la durée de cette jouissance ne pourra s'étendre au-delà du terme fixé dans l'étranger à l'exercice du premier inventeur;*

Notre conseil d'état entendu,

Nous avons décrété et décrétons ce qui suit:

ARTICLE PREMIER.

La durée des brevets d'importation sera la même que celle des brevets d'invention et de perfectionnement. Tout particulier qui aura le premier apporté en France une découverte étrangère est en conséquence libre de prendre des brevets de cinq, dix ou quinze ans, à son choix, en se conformant aux dispositions prescrites par les lois des 7 janvier et 25 mai 1791.

II.

Notre ministre de l'intérieur est chargé de l'exécution du présent décret.

Législation relative aux droits de propriété des auteurs d'écrits en tout genre, des compositeurs de musique, des peintres, et des dessinateurs.

LOI

Du 19 juillet 1793.

ARTICLE PREMIER.

LES auteurs d'écrits en tout genre, les compositeurs de musique, les peintres et dessinateurs qui feront graver des tableaux ou dessins, jouiront, durant leur vie entière, du droit exclusif de vendre, faire vendre, distribuer leurs ouvrages en France, et d'en céder la propriété en tout ou en partie.

II.

Leurs héritiers ou cessionnaires jouiront du même droit, durant l'espace de dix ans, après la mort des auteurs.

23

III.

Les officiers de paix seront tenus de faire confisquer, à la requisition et au profit des auteurs, compositeurs, peintres ou dessinateurs et autres, leurs héritiers ou cessionnaires, tous les exemplaires des éditions imprimées ou gravées sans la permission formelle et par écrit des auteurs.

IV.

Tout contrefacteur sera tenu de payer au véritable propriétaire une somme équivalente au prix de trois mille exemplaires de l'édition originale.

V.

Tout débitant d'édition contrefaite, s'il n'est pas reconnu contrefacteur, sera tenu de payer au véritable propriétaire une somme équivalente au prix de cinq cents exemplaires de l'édition originale.

VI.

Tout citoyen qui mettra au jour un ouvrage, soit de littérature ou de gravure, dans quelque genre que ce soit, sera obligé d'en déposer deux exemplaires à la bibliothèque nationale ou au cabinet des estampes, dont il recevra un reçu signé par le bibliothécaire; faute de quoi il ne pourra être admis en justice pour la poursuite des contrefacteurs.

VII.

Les héritiers de l'auteur d'un ouvrage de littérature ou de gravure, ou de toute autre production de l'esprit ou de génie qui appartienne
aux beaux arts, en auront la propriété exclusive pendant dix années.

~~~~~~

LOI

*Interprétative de celle du 19 juillet 1793,
qui assure aux auteurs et artistes la propriété de leurs ouvrages.*

Du 25 prairial an III. (15 juin 1796.)

La convention nationale, après avoir entendu
le rapport de ses comités de législation et d'instruction publique, sur plusieurs demandes en
explication de l'article 3 de la loi du 19 juillet
1793, dont l'objet est d'assurer aux auteurs et
artistes la propriété de leurs ouvrages, par des
mesures répressives contre les contrefacteurs,
décrète ce qui suit :

ARTICLE PREMIER.

Les fonctions attribuées aux officiers de paix
par l'article 3 de la loi du 19 juillet 1793, se-

ront à l'avenir exercées par les commissaires de police, et par les juges de paix dans les lieux où il n'y a pas de commissaire de police.

II.

Le présent décret sera inséré au Bulletin de correspondance.

AVIS DU CONSEIL D'ÉTAT.

Sur l'exécution de la loi du 19 juillet 1793, concernant les Propriétés littéraires.

Du 12 août 1807.

Le conseil d'état, qui, d'après le renvoi ordonné par S. M., a entendu le rapport de la section de l'intérieur, sur celui du ministre de ce département, relatif à la pétition de quelques libraires de Bruxelles qui tend à faire modifier en leur faveur les dispositions de la loi du 19 juillet 1793, sur la garantie des propriétés littéraires;

Vu la publication de ladite loi dans les départements réunis de la ci-devant Belgique, le 4 nivose an 4 (25 décembre 1795.);

Est d'avis

Qu'il n'y a pas lieu à modifier aucune disposition de la loi, et que c'est aux tribunaux chargés de son application à apprécier les circonstances particulières et les cas divers, et à prononcer en conséquence.

Approuvé le 12 août 1807.

DÉCRET

Concernant les Droits des Propriétaires d'ouvrages posthumes.

Le 1er germinal an XIII. (22 mars 1805.)

Sur le rapport du ministre de l'intérieur;

Vu les lois sur les propriétés littéraires;

Considérant qu'elles déclarent propriétés publiques les ouvrages des auteurs morts depuis plus de dix ans;

Que les dépositaires, acquéreurs, héritiers ou propriétaires des ouvrages posthumes d'auteurs morts depuis plus de dix ans, hésitent à publier ces ouvrages, dans la crainte de s'en voir contester la propriété exclusive, et dans l'incertitude de la durée de cette propriété;

Que l'ouvrage inédit est comme l'ouvrage qui

23.

n'existe pas; et que celui qui le publie, a les droits de l'auteur décédé, et doit en jouir pendant sa vie;

Que cependant, s'il réimprimait en même temps et dans une seule édition, avec les œuvres posthumes, les ouvrages déja publiés du même auteur; il en résulterait en sa faveur une espèce de privilége pour la vente d'ouvrages devenus propriété publique;

Le conseil d'état entendu,

Décrète :

ARTICLE PREMIER.

Les propriétaires, par succession ou à autre titre, d'un ouvrage posthume, ont les mêmes droits que l'auteur, et les dispositions des lois sur la propriété exclusive des auteurs et sur sa durée leur sont applicables : toutefois à la charge d'imprimer séparément les œuvres posthumes, et sans les joindre à une nouvelle édition des ouvrages déja publiés et devenus propriété publique.

II.

Le grand-juge ministre de la justice, et les ministres de l'intérieur et de la police générale, sont chargés, chacun en ce qui le concerne, de l'exécution du présent décret.

FIN.

TABLE

DES MATIÈRES.

———

FIN DE LA TABLE DES MATIÈRES.

ERRATUM.

Page 22, première ligne : aux deux phrases dont la première commence ainsi · *Parmi les manufactures qui ont été l'objet de mesures spéciales, etc.,* Substituez les suivantes :

Parmi les fabriques qui ont été l'objet de mesures spéciales, se trouvent celles d'ouvrages d'or et d'argent, et de tissus d'or et d'argent. La crainte que l'acheteur ne fût trompé sur le titre des matières précieuses qu'elles emploient a déterminé l'administration à provoquer la loi du 19 brumaire an VI (9 novembre 1797), différents arrétés et décrets qui ont réglé ce point important avec beaucoup de sagesse. Des motifs à-peu-près semblables, etc.

www.ingramcontent.com/pod-product-compliance
Lightning Source LLC
Chambersburg PA
CBHW061123220326
41599CB00024B/4140